高崎線、上越線 信越本線

1960年代～90年代の思い出アルバム

牧野和人(著)　安田就視(写真)

横川～軽井沢間の熊ノ平信号場を通過する特急「あさま」。先頭には2台のEF63が立つ。横川から軽井沢に向かって片勾配の碓氷峠故、上野方面行きの上り列車では、急坂で列車の加速を抑制する重石の役割を担っていた。◎1975(昭和50)年10月15日　撮影：安田就視

.....Contents

1章 高崎線 9

2章 上越線 35

3章 信越本線 79

【コラム】
高崎ゆかりの流線形機関車 24
谷川岳山塊の峠越え今昔 51
流行に乗って増発されたスキー列車 65
沿線に残るアプト時代の痕跡 98
ホームから夕陽の絶景を望む 135

秋の声を聞けば高地の冷え込みは厳しい。きれいに晴れ上がった朝。日陰の部分は霜で真っ白になっていた。3両編成の165系はJRからの譲渡車。しなの鉄道となった信濃追分〜御代田間の大築堤を軽快に駆けて行った。◎1997(平成9)年11月19日　撮影：安田就視

懐旧の駅舎 （絵葉書提供・文　生田　誠）

高崎駅　1884（明治17）年に開業した高崎駅では、初代、二代目の駅舎を経て1917（大正6）年にこの三代目駅舎が竣工した。1980（昭和55）年に解体されて、駅ビルの現・駅舎（四代目、高崎モントレー）に変わることとなる。これは昭和戦前期の駅前風景である。

水上駅　1928（昭和3）年、上越南線（当時）に開業した水上駅には、上越国境越えの機関車のため、3年後の1931（昭和6）年に水上機関庫（後に機関区）が設置された。その頃に駅を俯瞰した風景であり、単式ホーム、島式ホームにそれぞれ列車が停車している。

越後湯沢駅　ホームに電気機関車が牽引する列車がやってきた。1925（大正14）年に開業した越後湯沢駅は、川端康成「雪国」における「国境の長いトンネルを抜けると雪国であった」の一文で有名になった。これは昭和戦前期の風景で、現在は上越新幹線も停車する近代的な駅となっている。

長岡駅　現在は上越新幹線と信越本線の接続駅となっている長岡駅。駅の開業は1898（明治31）年で、当初は北越鉄道の駅であった。これは1926（大正15）年に改築された駅舎であり、1980（昭和55）年に現在の駅舎に改築されている。駅前広場には乗合自動車（バス）、タクシーの姿が見える。

三条駅　北越鉄道時代の1898（明治31）年に開業した現・信越本線の三条駅。昭和戦前期のホーム風景である。現在、1番ホーム南側には1912（明治45）年に出来たランプ小屋が残されている。その後、三条市の中心駅は東三条駅に移り、上越新幹線には燕三条駅が置かれている。

新潟駅　小型の乗合自動車（バス）とタクシーが停車している昭和戦前期の新潟駅の駅前である。1904（明治37）年に北越鉄道の駅として開業した新潟駅は、3年後に国鉄の駅となった。1935（昭和10）年に二代目の駅舎に改築され、1958（昭和33）年に現在地に移転している。

横川駅 1997（平成9）年に長野新幹線（現・北陸新幹線）が開通し、現在は信越本線の終着駅となっている横川駅。1885（明治17）年、官設鉄道の高崎〜横川間の開通時に開業した歴史の古い駅である。益子焼の土釜に入って売られている駅弁の「峠の釜めし」は、全国的に有名である。

熊ノ平駅 1893（明治26）年の横川〜軽井沢間の開通時に給水給炭所として開設された熊ノ平駅は、1906（明治39）年に駅へと昇格した。1937（昭和12）年には熊ノ平変電所も設けられている。1966（昭和41）年に信号所に降格し、1997（平成9）年に廃止された。

軽井沢駅 ホームには、三重連の電気機関車が牽引する列車が停車している。長野新幹線（現・北陸新幹線）の開通により、現在は南側に新幹線ホーム（島式2面4線）、北側に旧在来線（現・しなの鉄道）ホームが並ぶ形に変わっている。これは昭和戦前期の風景で、奥に跨線橋が見える。

軽井沢駅　1888（明治21）年に開業した当時は、官設鉄道（後の信越本線）と碓氷馬車鉄道の連絡駅であった軽井沢駅は、その後、外国人が多く利用する避暑地の玄関口として発展した。馬車鉄道は短命に終わり、1893（明治26）年に、碓氷峠を超える横川駅までの区間が開通している。

上田駅　この上田駅は、1924（大正13）年に上田温泉電軌（現・上田電鉄）の青木（現・別所）線が開通し、連絡駅に変わっていた。もともとは1888（明治21）年8月に官設鉄道の長野〜上田駅が開通、12月に上田〜軽井沢間が開通し、終着駅から途中駅となった。これは大正〜昭和戦前期の風景。

長野駅　1936（昭和11）年に改築された長野駅の三代目駅舎は、善光寺門前町の玄関口であることを示す、仏閣型駅舎として観光客にも人気があった。長野新幹線（現・北陸新幹線）の開通に合わせて、1996（平成8）年に現在のような橋上駅舎に改築されて、この駅舎は姿を消している。

はじめに

　信越本線の横川〜軽井沢間は鉄道路線が計画されて以来、人間の英知が急坂を克服すべく自然と格闘して来た場所である。アプト式鉄道から粘着運転に転換してからも、碓氷峠専用の特殊機能を備えたEF63が全列車の補機に付いた。横川駅を見下す妙義山の稜線から丸山方面を眺めると、近くでは他の機関車よりも一段と逞しい表情を見せるロクサンが、意外なほどゆっくりと、慎重に急勾配を上り下りする様子が望まれ、最急勾配66.7パーミルという数字が示す厳しさを再認識することとなったものだ。

　難所の先には浅間山が姿を現し、長野を過ぎると黒姫山、妙高等の北信五山が車窓を飾る。そして日本海側へ躍り出た列車はいつしか海辺を走り、長鳥の峠を越えて米どころ越後平野へと至る。旅人は大きく変化していく車窓風景を目の当たりにして、途中下車を繰り返したくなる衝動に駆られる。

　在来線に走っていた特急の多くが新幹線に取って代わられた現在、東京から各駅停車で新潟を目指す旅は長閑だが不便でもある。しかし、掛かり過ぎると感じられる手間と時間を補って余りあるのが、秀峰を始めとした車窓を彩る景色であり、肌で感じる地方の風であり香りなのだ。窓の開く車両が普通に走る鉄道が、いつまでもあることを願う。

　本書では信越本線に谷川岳山麓でループ線区間がある上越線、両路線の優等列車が乗り入れた高崎線を加え、関東甲信越地方を巡る鉄道回廊の今昔を紹介しよう。

2018年12月　牧野 和人

1章
高崎線

上下線の間が若干離れた岡部〜本庄間の小山川橋梁。架線柱は上り線を跨ぐように建っている。下り線の架線は、架線柱から突き出した片持ち式のビームに掛かる。高崎地区の普通列車は湘南色の115系。轟音とともに橋を渡って行った。◎岡部〜本庄　572M普通　1978年9月　撮影：高橋義雄

1章

高崎線

鉄道の街から鉄道の街へと、からっ風の中を電車は走る

大宮から関東北部を縦断

　日本鉄道時代に遡る明治期より、大規模な車両工場が設置された鉄道の街大宮。上野から東北本線を北上して来た上信越方面へ向かう列車は、当駅より高崎線へ入る。普通、快速列車は昨今、横須賀線(品鶴線)、山手貨物線等を経由する湘南新宿ラインや、上野東京ラインを通る東海道本線の主要駅を始発とする列車が多い。行先は籠原、高崎、両毛線の前橋だ。また、吾妻線沿線の名湯である草津温泉等へ向かう特急「草津」が高崎、上越線を経由する。同様な路線を経由する特急には高崎、前橋へ向かう「あかぎ」等がある。

　高崎線の下り列車は大宮の8番・11番乗り場から発着する。JR貨物の施設である大宮市車両所付近で、東北本線を潜ると行く手は北西方向を向く。車窓左手に鉄道博物館を見て進む。東北上越新幹線と新交通システムのニューシャトル、国道17号を一気に潜ると、並行していた川越線が離れていった。

　大規模な合併で2001(平成13)年にさいたま市が成立する以前は大宮市内の駅だった宮原を過ぎ、新大宮バイパスを潜って上尾市へ入る。沿線に住宅地が続く中で桶川、北本、鴻巣と市の名前を冠した駅が続く。

　行田の先に残る畑作地付近は、特急「あけぼの」「北陸」、急行「能登」等の夜行列車が行き交っていた頃には、鉄道愛好家が朝早くから撮影に赴いた場所だ。秩父鉄道と上越新幹線を潜ると、「暑い街」として度々話題に上る熊谷に到着。高崎線乗り場は構内の北側にある。夕刻になると新幹線の高架ホームの影が延び、夏場は若干涼し気な雰囲気だ。

主要駅の界隈で貨物線が並ぶ

　熊谷を出ると高架橋が続く上越新幹線、地上を走る秩父鉄道と並行する。東武鉄道の廃止された熊谷線の線路が残る秩父鉄道の上熊谷を過ぎると、両路線が車窓から遠ざかった。上下線の間に線路がもう一条並び、彩甲斐(さいかい)街道と呼ばれる国道140号を潜ると、先には広大な構内を備える熊谷貨物ターミナルが続いている。長さ2キロメートル余りに及ぶ五線譜のような線路の波を通り抜けると、秩父鉄道の本線へ続く連絡線が分かれている。

　再び上下線が並列すると、沿線には畑地が目立ち始める。ネギの名産地として知られる深谷の駅構内には、東京駅の煉瓦駅舎を模した橋上駅舎が建つ。また岡部～本庄間の小山川界隈は、田園地帯を横切る築堤を行く列車を眺めることができる愛好家にはお馴染みの場所だ。本庄市内に入ると沿線は再び住宅に囲まれた。

　本庄と上越新幹線の本庄早稲田は2キロメートルほど離れている。本庄の南口から新幹線駅へ続く通りが延びている。神保原～新町間で神流川を上部トラス橋で轟音と共に渡り、関越自動車道の藤岡ジャンクション付近を潜ると、左手車窓から八高線が近づいてきて北藤岡付近を通過する。当駅からは八高線の列車のみが発着し、高崎線の線路にはホームが設けられていない。かつては両路線の分岐点付近に小野信号場があった。1961(昭和36)年に北藤岡駅が開業すると信号場は駅構内に編入された。

　上下線が大きく離れて烏川を渡る。右手車窓に貨物駅へ続く単線が見えると倉賀野に停車。操車場や車両基地をかたち作る線路が束になって本線の側に並ぶ中、JR8路線と上信電鉄が乗り入れる北関東最大の拠点駅、高崎に到着する。

上越線経由で金沢へ向かう特急「はくたか」が停車する上野駅の7番線。信越本線経由の特急「白山」とともに、昼間に東京と北陸を結ぶ列車だった。ホームは地面に坐り込んで列車を待つ利用客が目立つほど混雑している。◎撮影：山田虎雄

高崎線の年表

1880（明治13）年2月17日	中山道を経由して東京〜京都を結ぶ鉄道の一環として、明治政府の工部省鉄道局から東京〜高崎間の起工が認可される。
1882（明治15）年9月1日	川口で日本鉄道が起工式を挙行する。
1883（明治16）年7月28日	日本鉄道の上野〜熊谷間が開業する。
1883（明治16）年10月21日	熊谷〜本庄間が延伸開業する。
1883（明治16）年12月27日	本庄〜新町間が延伸開業する。
1884（明治17）年5月1日	新町〜高崎間が延伸開業し、現在の高崎線が全通する。
1884（明治17）年8月20日	高崎〜前橋（初代）間が延伸開業する。
1885（明治18）年3月16日	日本鉄道の第二期線（現・東北本線）との分岐点として大宮駅が開業する。
1885（明治18）年10月15日	官設鉄道の高崎〜横川間（現・信越本線）が開業する。
1906（明治39）年11月1日	鉄道国有法に基づき日本鉄道が国有化される。
1909（明治42）年10月12日	線路名称が制定され、大宮〜高崎間が高崎線となる。
1915（大正4）年3月25日	上野〜高崎〜長野〜新潟間で急行が運転開始される。
1930（昭和5）年10月16日	全線が複線化し、上野〜高崎間の複線化が完成する。
1946（昭和21）年11月	高崎線の電化工事に着手する。
1952（昭和27）年4月1日	高崎線が全線電化される。
1952（昭和27）年10月	上野〜大宮〜熊谷間で電車運転が開始される。
1962（昭和37）年6月10日	上野〜新潟間で特急「とき」が運転を開始する。
1966（昭和41）年10月1日	上野〜長野間で特急「あさま」が運転を開始する。
1982（昭和57）年11月15日	上越新幹線開業により特急「とき」などが廃止となる。
1987（昭和62）年4月1日	国鉄分割民営化により、JR東日本が高崎線を継承。JR貨物が全線の貨物営業を継承する。
1988（昭和63）年7月6日	上野発鴻巣行きの「ホームライナー鴻巣」が運転を開始する。
1989（平成元）年3月11日	上野〜高崎間で快速「アーバン」が運転開始となる。
1997（平成9）年10月1日	北陸（長野）新幹線の開業により特急「あさま」などが廃止される。
2001（平成13）年12月1日	高崎線・宇都宮線が山手貨物線経由で東海道本線・横須賀線に直通する「湘南新宿ライン」が運転開始となる。
2004（平成16）年10月16日	「湘南新宿ライン」を大幅に増発し、E231系で統一して速度を向上する。日中時間帯に高崎線から東海道本線に直通する「特別快速」が設定される。
2005（平成17）年12月10日	新前橋電車区の検修部門を高崎車両センターと統合し、乗務員を高崎運輸区・新前橋運輸区に改組する。
2012（平成24）年9月1日	211系電車の置き換えを目的に、E233系電車が営業運転を開始する。
2014（平成26）年3月14日	寝台特急「あけぼの」が定期運用から引退。211系電車も運用を終了する。
2015（平成27）年3月14日	上野〜東京間において東北本線の列車線が復活し、上野駅発着列車の多くが「上野東京ライン」として東京駅経由で東海道線への直通運転を開始する。

上野は高崎線、信越本線を経由する特急「あさま」にとって、東京側の起点終点だった。国鉄特急色から塗色変更された189系は、民営化後に並行する高速バス等への対抗策として内装を刷新したグレードアップ車両である。◎1994(平成6)年2月14日　撮影：安田就視

1章 高崎線

鶯谷付近で並行する東北本線を行く特急「あさま」。民営化から間もない時期の撮影である。最後部を飾るクハ189は車体側面に白地のJRマークを着け、運転席下には旧国鉄のJNRマークを装着した過渡期の姿だ。◎1987(昭和62)年5月　撮影：安田就視

上越線経由で上野～金沢間を結んでいた特急「はくたか」。485系が運用に就き、1978年以降は運転の受け持ち区が向日町運転所から金沢運転所に代わった。絵入りヘッドサインの図柄は翼を広げた白鷹の勇ましい姿である。◎1979(昭和54)年7月23日　撮影：安田就視

京浜東北線の浦和電車区(現・さいたま車両センター)を行く189系の特急「あさま」。上野と長野を結ぶエル特急は、始発駅を毎時0分に発車する下り列車が多く設定され、豊富な列車名があった東北特急に伍して、時刻表上で存在感を放っていた。◎1982(昭和57)年1月 撮影:安田就視

1章 高崎線

大宮駅周辺を北西方上空から望む。県道が通る大栄橋が画面の左手下で駅構内を跨ぐ。大きな車庫が建つ車両工場周辺にはたくさんの貨車、電車が留置され、自動車運搬用のク5000が目を惹く。西口周辺は新幹線開業後の再開発で大型商業施設区域に変貌した。◎1976（昭和51）年5月7日 撮影：朝日新聞社

1章 高崎線

埼玉県内では浦和、鴻巣、熊谷と共に最古参の鉄道駅である上尾。駅周辺の宅地開発に伴い、橋上駅化の工事が1967年より始まった。改札外の自由通路としての役割を担う宏栄橋は、構内の北側へ1971年に竣工した。◎1988（昭和63）年8月11日　撮影：安田就視

高崎線上尾〜宮原間の街中を走る特急「あかぎ」。更新化工事を施工された新前橋電車区（現・高崎車両センター）所属の185系が充当されていた。上野と両毛線の前橋を結ぶ通勤列車としての性格が強い列車である。◎1998（平成10）年12月　撮影：安田就視

コンクリート造の橋上駅舎が建つ行田駅。行田市内にも国鉄駅を設置したいという自治体の要望を受けて1966(昭和41)年に開業した。当駅の開業で秩父鉄道本線に従来からあった行田駅は国鉄駅に名前を譲り、行田市駅と改称した。◎1982(昭和57)年7月　撮影：安田就視

熊谷駅付近では上越新幹線の高架橋が高崎線を跨ぐ。また、付近には秩父鉄道本線も通り、駅構内へ向かって大きな曲線を描く中で、単線の線路が高崎線を跨いでいる。新幹線は両路線を跨いで直線的に駅構内へ入る。◎1990(平成2)年10月　撮影：安田就視

在来線のホーム上に新幹線の高架ホームがある熊谷駅構内。画面手前で電車が並ぶ一帯は秩父鉄道の構内だ。新幹線駅の建設に伴う周辺の再開発工事で更地になっている部分の多くは現在、大規模な駐車場として利用されている。◎1982（昭和57）年3月7日　撮影：朝日新聞社

熊谷駅舎。コンクリート造り2階建ての建物は1963（昭和38）年に改築された。出入り口付近の上屋は、駅前側に大きく張り出している。ひらがな表記の駅名は切り抜き文字で壁面に貼られている。駅舎の至近まで列をなすタクシーが、手狭な駅前の様子を窺わせる。◎撮影：山田虎雄

上越新幹線が開業する年の熊谷駅北口。駅舎越しに新幹線の高架ホームが見える。出入口付近は改修工事中の様子。駅前広場に建つ銅像は鎌倉時代末期から室町時代に掛けて当地を治めていた武将の熊谷直実である。◎1982（昭和57）年7月27日　撮影：安田就視

1章 高崎線

橋上駅化前の深谷駅舎。木造寄棟造りの建物は、非電化の地方路線が似合いそうな面持ちである。事務室側には、信号施設が据え付けられていたと思しき出っ張り部分がある。駅前はタクシー1台が停まる手狭な雰囲気だ。◎1982(昭和57)年7月　撮影:安田就視

東京駅丸の内駅舎のミニチュア版という姿の深谷駅舎。東京駅の建設に使われたレンガが、当地に所在していた日本煉瓦製造製であったことに因み1996年に竣工した。壁面はコンクリート壁にタイルを貼ったレンガ造り調だ。◎1996(平成8)年11月17日　撮影:安田就視

1章 高崎線

江戸時代に旧街道が交通機関として発達していた頃には、中山道で最大の宿場町として栄えた本庄市。地上にあった駅舎は事務所部分が駅前方にせり出した曲り家風の構造。改札口上には電光掲示の時刻表がずらりと並ぶ。◎1982(昭和57)年7月　撮影：安田就視

高崎ゆかりの流線形機関車

第二次世界大戦前の東海道本線で優等列車牽引に活躍したEF55は、1952(昭和27)年に3両全機が高崎第二機関区(現・高崎機関区)へ転属した。1937(昭和12)年に特急牽引用として製造された電気機関車は、車端部の片側を当時の流行であった流線形の形状としていた。高崎線の運用へ就いた際には保守の容易さを図るべく、前端部や台車周りのカバーが外されて登場時の流麗さとは異なる風貌になった。その特異な仕様故、僅かな両数の製造に終わった同車は1960年代に全て廃車された。

しかし、準鉄道記念物として形を留めていた1号機が1986(昭和61)年に大宮工場(現・大宮総合車両センター)で動体復元され、上越線等でイベント列車として運転されるようになった。民営化前後は、高崎周辺で旧型電気機関車が先頭に立つ特別列車が頻繁に見られた。その後は老朽化、不具合箇所の発生等から2009(平成21)年を最後に運転は終了。現在はさいたま市の鉄道博物館で静態保存されている。

旧型客車を牽引して上越線を走るEF55。

思い出の切符

1958(昭和33)年発券の高崎から東京電環行きの3等乗車券。電環は山手線を、3等は普通を指す。宮原経由とあるのは、高崎線、東北本線経由で都内に至る経路を指す。山手線内で一旦下車すると、その先は再乗車できない旨が記されている。

1964(昭和39)年に発券された熊谷駅から300キロメートル区間までの普通急行券。普通急行券と記載されているが、その下段には1等の表記がある。有効期間は発券日を含めて2日間だ。硬券の中程に2本の赤線が引かれている。

1964(昭和39)年発券の座席指定券。高崎〜新潟間で急行「弥彦」のものだ。同列車は上野〜新潟間を結んでいた。当時の上越線には「佐渡」「越路」「ゆきぐに」等、多くの異なる名称を持つ急行が運転されていた。

準急の多くが急行に格上げされる前の1965(昭和40)年に水上駅で発券された準急券。汎用のもので同一列車一回限り有効との但し書きが記されている。水上界隈を行き交っていた準急「みなかみ」「苗場」は同年に「奥利根」へ統合された。

1969(昭和44)年に新前橋で発券された200キロメートル区間までの急行券。列車名等が記載されていた汎用の切符だ。上越線の下り列車に乗ると適用区間は信越本線の加茂まで。次の急行停車駅新津までの距離は206.4キロメートルで僅かながら適用外となる。

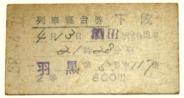

1963(昭和38)年に発券された急行「羽黒」の下段寝台券。酒田駅発が21時28分なので上り列車のものであろう。「羽黒」は1956(昭和31)年に定期の夜行列車として設定され、上野〜秋田間を東北本線、高崎、上越線、羽越本線経由で運転していた。

1968(昭和43)年に高崎駅で発券された特急「第1あさま」の座席指定特急券。当時は「上り第1〜」「下り第1〜」と上下列車に同じ名称を用いていた。特急の多くが、全席座席指定であった時代である。切符の種別を記したスタンプには、英語が併記されていた。

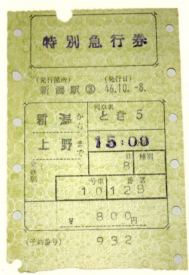

1971(昭和46)年に新潟駅で発券された特急「とき」の座席指定特急券。新潟〜上野間の料金は800円だった。切符の種別、列車の発車時刻はスタンプが押されている。グリーン車2両と食堂車を含む181系10両編成の時代だ。

上野～新潟間を結ぶ特急「とき」の主力として、上越国境を行き交った181系が、田園地帯の只中を直線的に横切る岡部～本庄間を颯爽と走って行った。こだま型の先頭車には簡潔な文字のみのヘッドサインが良く似合う。◎1978(昭和53)年9月

高崎線には信越本線へ出入りする列車もやって来る。特急「あさま」の専用車両はヨコカル対応の189系。思いがけず10パーミルの下り勾配が続く岡部～本庄間の上り線を、余裕の表情で疾走して行った。◎1978(昭和53)年9月

上野を6時14分に発車した2321列車の客車は、列車番号を変えながら信越本線長野経由で新潟まで足を延ばしていた。長らく旧型客車が使われてきたが、末期に12系へ置き換えられ1982(昭和57)年11月15日のダイヤ改正まで運転された。◎1982(昭和57)年10月24日

本庄〜岡部間を行くEF15牽引の貨物列車。トビ色の2軸貨車ワム80000が編成の主体となっている。1970年代までは高崎第二機関区（現・高崎機関区）に多数のEF15が在籍し、高崎線、上越線等の貨物運用に就いていた。◎1978（昭和53）年9月3日

東海道、山陽本線の高速貨物牽引用として登場したEF60は、1970年代後半に中央本線や高崎線等、首都圏で運用していた旧型電気機関車を置き換えるべく、高崎第二機関区へ転属した。ヘッドライト1灯の18号機が本庄〜岡部間を行く。◎1982（昭和57）年11月3日

上越新幹線開業を控え、終焉が迫った181系の特急「とき」が本庄〜岡部間を駆け抜けた。連結器カバーやスカート周りの痛みが激しい。グリーン車に485系と同じ車体断面のサロ1811050もしくは1100番台車を組み込んだ凸凹編成だ。◎1982（昭和57）年11月3日

高崎駅周辺を鳥瞰する。立派な構えの駅舎があった西口から烏川に向かって伸びる通りは、歩道を上屋で被った商店街。10階建てのビルで営業するミドリヤは、月賦払いが特長の百貨店だった。画面手前の高崎市立南小学校には木造校舎が建つ。
◎1968(昭和43)年10月18日　撮影：朝日新聞社

高崎駅の三代目駅舎は1917（大正6）年の竣工。切妻の大屋根が重厚な雰囲気を湛え、市の玄関口として長らく市民に愛されたが、新幹線駅の建設に際して造られた仮駅舎に業務機能を移して1980（昭和55）年に解体された。◎撮影：山田虎雄

上越新幹線の開業で構内東側に建設された高崎駅の高架駅舎。3階部分がホームになっている。駅前は車寄せのあるロータリーに整備された。中央部には「上毛三山と太陽の時計塔」と称されるモニュメントがある。◎撮影：山田虎雄

1章 高崎線

張り子のだるまで日本における総生産量の8割を占める高崎市。高崎駅には上越新幹線の開業を記念して、「だるまの詩」と題した陶壁画が展示された。原画は福沢一郎。壁画の制作はルイ・ララッセンが手掛けた。1982(昭和57)年7月　撮影：安田就視

立ち食いソバのスタンドが見える高崎駅のホームで発車を待つ信越本線の列車。107系は高崎地区の地域輸送向けに投入された車両だ。北陸新幹線が高崎〜長野間で開業してからの撮影で、行先表示は横川となっている。◎1999(平成11)年2月　撮影：安田就視

『埼玉県史』より

東京・高崎間鉄道の系譜

　日本鉄道会社の路線計画のなかで、「直ニ東京高崎間ノ線路ニ着手スヘシ」とされていることは注目されなければならない。というのは、東京・高崎間鉄道が埼玉県下を縦断する鉄道であり、しかも、まだ政府部内で鉄道建設をめぐって賛否両論が鋭く対立していた明治初年代から、この路線の重要性が認識されていたと思われるからである。

　まず、明治3年(1870)1月、京都の蘭方医谷暘卿は「駆悪金以火輪車之議」という建白書をあらわして、そのなかで「臣曾テ惟ミルニ、東京ヨリ奥ノ福島ニ、信ノ上田ニ以テ二路ノ鉄道ヲ通シ、以テ国家ノ便ニ供セハ、富強ノ術座シテ以テ待ツヘシ」(同前)と述べた。東京・福島間および東京・上田間の2路線は、わが国有数の蚕糸業地帯を貫通する路線である。谷の建白書は、埼玉県の事情については何もふれていないが、この「二路ノ鉄道」が後の東北線、信越線であることは明らかであった。つまり、こうして埼玉県内の鉄道は、まず東京と奥州・信州の蚕糸業地帯とをつなぐ、いわば「回廊」としての役割をはたす鉄道として計画されたのである。

　ついで、東京・高崎間鉄道は、東西両京間を結ぶ中山道線の一部として問題にされることになった。まず、お雇い英国人建築師長のリチャード・ビーカス・ボイルは、明治9年9月、「中山道調査上告書」において、東西両京間連絡鉄道としては、東海道線よりも中山道線を採用すべきであることを主張し、東京・高崎間鉄道を「第一ニ着手スベキモノ」(同前)とした。そして、ボイルによれば、東京・高崎間の路線は、京浜間官設鉄道の起点である新橋停車場から、数寄屋橋付近、神田川、不忍池の西南端を経て、王子、赤羽に至り、戸田川(荒川)に架橋して大宮に達し、そこから鴻巣、熊谷を経て高崎に至るものとされていた(近代・現代3　12)。また、彼はこの路線の経済的効果を上毛蚕糸業地帯と東京・横浜とを連絡するという点にみいだしていた。生糸は当時わが国最大の輸出品であったから、蚕糸業地帯と開港場の横浜とを鉄道で直結することが可能となるこの鉄道は、きわめて大きな経済的効果を発揮するものと考えられたのである。

　いっぽう、開拓使お雇い米国人クロフォードも、東京・青森間の路線調査に従事し、明治14年1月17日、「復命書」を開拓使長官黒田清隆に提出し、東京・高崎間鉄道について独自のルートを示した。クロフォードによれば、東京・高崎間のルートは東京小名木川(江東区)を起点に、千住(東京都足立区)、岩槻、忍、熊谷などを経て高崎、前橋の中間に至るというルートが考えられ、岩槻をもって東京・高崎間鉄道と東京・青森間鉄道の分岐点とするとされていた。しかし、クロフォードの「復命書」では、東京・高崎間の経済的意義などについてはまったくふれられていない。

上野・前橋間の開業

　東京・青森間の建設工事は、(1)第1区　東京から前橋まで、(2)第2区　第1区線中から白河まで、(3)第3区　白河から仙台まで、(4)仙台から盛岡まで、(5)盛岡から青森までの5区に分けて建設されることになった。そのうち、第1区の東京・前橋間は井上勝鉄道局長官の「東京前橋間調査報告書」(明治14年12月)によって2−68表のように品川・川口間、川口・熊谷間、熊谷・前橋間の3部に分けて建設されるべきであるとされた。そして、井上は、このうち第2部の川口・熊谷間の建設からまず着手すべきであるとしたが、その論拠として(1)まだ第1部の品川起点が確立していないこと、(2)資材の運搬に荒川の水運が利用でき、しかも土地が平坦で工事が容易であること、(3)川口から荒川水運を介して京浜間官設鉄道に連絡ができること、などがかかげられていた。

　明治15年(1882)4月29日、埼玉県庁を通じて、第2部の用地買収が着手され、同年5月4日までに川口・浦和間のうち6マイル4分の3(10.9キロメートル)、反別6町7反8歩の買収契約が終了した。そして、その後浦和以北についても、用地買収は順調に進んだ。

　起工式は明治15年9月1日、川口においておこなわれた。その時、使用された機関車は「善光号」と命名されたが、それはイギリスから輸入された鉄道資材が荒川の水運で輸送され、沿岸の善光寺裏で組み立てられたことによっている。

　その後、東京における起点は上野となり、明治16年7月28日に上野・熊谷間(38マイル、61.2キロメートル)が開業した。この時に開設された埼玉県内の駅は、浦和、上尾、鴻巣、熊谷の4駅で、その後この路線が高崎まで延長(明治17年5月)されると、あらたに深谷・本庄の2駅が開設されることになった。

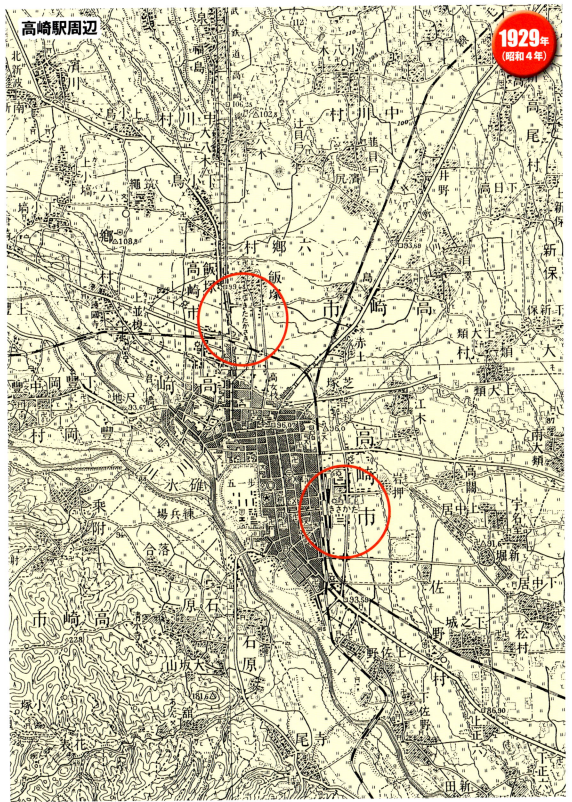

帝国陸軍参謀本部陸地測量部発行1/50000地形図「高崎」「富岡」「榛名山」「前橋」

上越線の年表

1918（大正7）年12月	上越線の建設が長岡側から着工される。
1920（大正9）年11月1日	上越北線として宮内〜東小千谷（現・小千谷）間が開業する。
1921（大正10）年7月1日	上越南線として新前橋〜渋川間が開業する。
1921（大正10）年8月5日	上越北線の東小千谷〜越後川口間が延伸開業する。
1922（大正11）年8月1日	上越北線の越後川口〜越後堀之内間が延伸開業する。
1923（大正12）年9月1日	上越北線の越後堀之内〜浦佐間が延伸開業する。
1923（大正12）年11月18日	上越北線の浦佐〜塩沢間が延伸開業する。
1924（大正13）年3月31日	上越南線の渋川〜沼田間が延伸開業する。
1925（大正14）年11月1日	上越北線の塩沢〜越後湯沢間が延伸開業する。
1926（大正15）年11月20日	上越南線の沼田〜後閑間が延伸開業する。
1927（昭和2）年6月15日	十日町線（現・飯山線）の越後川口〜越後岩沢間が開業する。
1928（昭和3）年10月30日	上越南線の後閑〜水上間が延伸開業する。
1929（昭和4）年12月29日	清水トンネル（全長9702m）が貫通する。
1931（昭和6）年9月1日	水上〜越後湯沢間が延伸開業し、上越南線と延伸区間、上越北線が統合されて上越線として全通する。水上〜石打間が電化。上越線経由の上野〜新潟〜秋田間に急行が運転を開始。
1947（昭和22）年10月1日	石打〜長岡間が電化して全線が電化される。
1948（昭和23）年7月1日	上野〜新潟・秋田間で準急、上野〜金沢間で上越線経由の旧王が運転を開始。
1956（昭和31）年11月19日	上野〜新潟間で急行「佐渡」が運転を開始する。
1957（昭和32）年7月13日	上野〜石打間で週末運転の臨時準急「ゆけむり」が運転を開始する。
1957（昭和32）年12月20日	上越線の起点を新前橋から高崎に変更し、高崎〜新前橋間から複線化開始。
1958（昭和33）年4月14日	上野〜水上間で準急「奥利根」が運転を開始する。
1959（昭和34）年4月13日	上野〜長岡間で準急「ゆきぐに」が運転を開始する。
1962（昭和37）年6月10日	信越本線長岡〜新潟間の電化により、上野〜新潟間の電化が完成。上野〜新潟間で特急「とき」、急行「弥彦」が運転開始。他の急行も一部が電車化される。
1963（昭和38）年1月	「サンパチ豪雪」により、同月下旬から翌月上旬にかけて上越線も全面運休する。
1965（昭和40）年3月25日	特急「とき」に181系電車を投入し、2往復に増発される。
1967（昭和42）年9月28日	下り線となる新清水トンネル（全長13,490m）の併用開始により全線が複線化。湯檜曽駅が現在地に移転する。
1982（昭和57）年11月15日	上越新幹線の大宮〜新潟間開業に伴い、特急「とき」が廃止される。急行「ゆけむり」の一部が上野〜水上間の特急「谷川」に格上げされる。
1985（昭和60）年3月14日	特急「谷川」が「新特急谷川」に改称。急行「佐渡」「ゆけむり」が廃止される。
1987（昭和62）年4月1日	国鉄分割民営化によりJR東日本が上越線を継承。JR貨物が貨物営業を継承。
1990（平成2）年9月1日	上越線経由の上野〜青森間で寝台特急「鳥海」が運転を開始。1997年に「あけぼの」に改称される。
1991（平成3）年12月20日	上越線支線の越後湯沢〜ガーラ湯沢間が開業する。
1997（平成9）年3月22日	北越急行ほくほく線の六日町〜犀潟間が開業。越後湯沢〜金沢間で特急「はくたか」が運転を開始。
1997（平成9）年10月1日	上野〜金沢間の夜行急行「能登」が信越本線経由から上越線経由に変更。
2003（平成15）年4月1日	上越国際スキー場前駅が通年営業化。
2004（平成16）年10月16日	問屋町駅が開業。新前橋〜渋川間が東京近郊区間になる。
2009（平成21）年3月14日	渋川〜水上間が東京近郊区間になる。

2章
上越線

越後湯沢付近。跨線橋が架かる在来線の構内に比べて、巨大な上屋で被われた上越新幹線のホームが目立つ。水上方面へ向かう普通列車は僅かで、長岡方面との間で運転する列車は当駅を始発終点としているものが多い。◎1990(平成2)年10月16日　撮影：安田就視

2章
上越線

上州越後の国境を長いトンネルで越え
群馬、新潟を最短経路で結ぶ電車の路

暴れ川「坂東太郎」が創りたもうた段丘

　途中で急峻な三国山脈を越えて群馬県と新潟県を結ぶ上越線。路線名は両県の旧国名である上州と越後に由来する。ちなみに新潟県下には上越市、上越地方等の地名があるが、上越線はいずれの地域も通らない。

　幹線系の鉄道3路線が集まる高崎駅より、北東方向へ延びる線路が上越線である。上越新幹線の開業で在来線の特急列車はすっかりなりを潜めてしまった。しかし民営化以降、温泉地である水上までを結ぶ蒸気機関車牽引の観光列車が運転されるようになり、普通列車ばかりの当路線に華を添えている。

　信越本線と上越新幹線を潜り、市街地を軽快に走る列車は、関越自動車道を潜った先で群馬県の県庁所在地である前橋市内へ入る。市の中心街に設置された前橋駅は両毛線の駅であり、上越線の新前橋駅は利根川の西岸地区にある。当駅は両毛線との分岐駅として大正時代に開設された。1959（昭和34）年に新前橋電車区が併設され、上越、両毛、吾妻等の各路線で運行される車両の拠り所となった。新前橋電車区は現在、旧高崎車両センターと統合されて、高崎車両センターとなっている。

　利根川沿いの平野部を北上。田園と住宅地が立ち代わり車窓を流れるうちに三国街道の宿場町として栄えた渋川市に入る。渋川駅からは吾妻線が分岐している。日本三名泉の一つに数えられる草津温泉に通じる鉄道玄関口である長野原草津口駅がある当路線には、上野からの特急「草津」が入線する。上越特急として知られた「とき」は新幹線にその名を譲ったものの、両毛線前橋まで運転される特急「あかぎ」や臨時特急の「水上」とともに、群馬県下では、現在も特急列車の姿を目にすることができる。

　渋川を出ると下り線は長いプレートガーター橋、上り線は下部トラス橋梁で利根川を渡る。暴れ川として「坂東太郎」の異名を持つ大河がつくり出した河岸段丘の中を線路は北上する。西側の車窓からは雄々しい表情の稜線が連なる榛名山が遠望される。沿線の斜面にはかつて養蚕が盛んであった地域であることを示すかのように桑畑が散見される。群馬県下で最も北に位置する市の沼田を過ぎた辺りから谷間が深くなり始めた。川底が線路の遥か下方に見える諏訪峡に沿って走り、列車は奥利根の温泉地、水上に到着する。

三国山地を越えスキーと
温泉のリゾート地へ

　水上駅は群馬、新潟県いずれの方向から運転される定期の旅客列車にとっての起点終点だ。町内の南側に温泉旅館が建ち並ぶ。駅前の土産物屋からは、温泉まんじゅうの香しい湯気が上がり観光客を街中へと誘う。鉄道にとっても三国山地越えの前線基地であり、構内の西側には補機が配置されていた機関区があった。重量級の貨物列車さえも機関車1両で運転される現在、機関区の跡地は蒸気機関車を見物できる広場として整備された。それでも現役の施設として留置線や転車台があり、車両基地としての雰囲気を色濃く残している。

　上越国境を越える普通列車の運転本数は少ない。閑散時間帯となる日中は3〜4時間も運転間隔が空く。水上を午前9時台に発車する下り列車の次は正午を過ぎて13時台。その次は17時台という具合だ。

　希少な昼間の下り列車で谷川岳の懐へと足を進める。スキー場がある大穴地区で線路を導く川筋は利根川から湯檜曽川へ代わった。湯檜曽駅のホームは上下線別に設置されている。上り線は構内東側に見えるループ線で一気に高度を下げて、水上方で下り線と並行する。下り列車は駅を出るとすぐに全長13,940メートルの新清水トンネルに入る。

　湯檜曽から6.6キロ先のトンネル内にある駅が土合。下り線ホームへはトンネル内に続く階段を10分ほど歩くこととなり、「モグラ駅」の異名を取る。上り線はトンネル同士の間にある。駅での停車を含めると10分以上かけてトンネルを潜った。にわかに前方が明るくなり、関越自動車道の高架下を通って土樽駅に着く。

新潟県側に入っても周囲は切り立った山峡の風情だ。石積みの高い橋脚がそびえる魚野川を渡る。付近で上り線は上り勾配のループ線となる。下り線はその外側を大きな曲線を描いて回る。いずれもトンネルの中なので、難所を越えているという感覚はない。

　上下線が寄り添い、東側の斜面にスキー場が見えると越後中里。駅前に隣接する駐車場の奥には、休憩室として使われている青い旧型客車が見える。線路は北へ向かって進路を取るが、1キロほど先で前方の飯士山に行く手を遮られるかのように左手に向きを変えて大きな曲線を描く。

　魚野川手前の無人駅が岩原スキー場前。駅名が示す通り、至近にあるスキー場の利用客に便宜を図って開業した駅だ。かつてはスキー場の開催期間のみ営業していたが、1981 (昭和56) 年より通年営業となった。線路沿いに立つ高い木立の間を抜けて国道17号線を潜り、駅前より温泉街が続く越後湯沢に到着する。

道のりは魚野川から信濃川の流域へ移る

　上越新幹線のホームからは、スキー場が隣接するガーラ湯沢に向かって単線が分かれている。冬季には新幹線車両がスキー客を乗せて走る。軌道は新幹線のものだが、路線としての扱いは上越線に属する。在来線には他社の列車が乗り入れて来る。北越急行ほくほく線の超快速「スノーラビット」等は六日町より上越線に乗り入れ、当駅を起点終点としている。また北陸新幹線が金沢まで延伸開業する以前は、ほくほく線と信越本線、北陸本線を経由して金沢とを結ぶ特急「はくたか」が、越後湯沢を起点終点として運転していた。

　越後湯沢の先で、中越地方の町を広域合併して生まれた南魚沼市に入る。魚野川の谷筋を進む。線路の周辺は木立や段丘が続き、車窓から川面を望む区間は僅かだ。東側には三角形の峰がアルペン的な雰囲気を醸し出す飯士山がそびえる。丸山スキー場の下を短いトンネルで潜り、新潟県側に置かれていた補機の基地である石打に着く。当駅辺りから山塊に囲まれていた眺めが若干開け始めた。車窓の東側には広々とした水田が見られる。

　民営化後に開業した上越国際スキー場前駅を過ぎ、紬 (つむぎ) の街として知られる塩沢へ。沿線はにわかに街の眺めとなり、駅に隣接して南魚沼市役所がある六日町に到着する。駅舎はやや大柄な橋上駅舎だが、ホーム等の構内は地上にあって国鉄時代に見られた地方の拠点駅に通じる雰囲気を湛えている。上越線の北側にはほくほく線が並ぶ。右手に国道17号線が迫って来る辺りから北方へ離れて行った。

　何度目かの関越自動車道を潜ると五日市駅。田園地帯を直線的に進むと西側から上越新幹線の高架橋が近づき、新幹線駅がホームに影を落とす浦佐の構内に入って行く。駅の西側にあるスキー場からは、霊峰八海山を背景に田園地帯を行く上越新幹線、上越線を一望できる。

　魚野川西岸の細道を辿ると只見線が分岐する小出。付近が豪雪に見舞われる時期には除雪部隊の拠点となる駅だ。さらに北堀ノ内の先で二つのトンネルを潜る間に魚野川を渡る。同時に長大トンネルが続く上越新幹線が僅かな区間で陽光下に顔を出し、一瞬の内に頭上を横切って行った。トンネルを抜けると長野方面へ続く飯山線の終点、越後川口に到着。車窓左手には日本一の長さを誇る信濃川が、それまで上越線と同行二人の旅を続けてきた魚野川に代わって現れた。

　蛇行する川に沿うかのように左右に曲がりくねった経路を取り、縮 (ちぢみ) と呼ばれる麻織物の産地として知られる小千谷に着く。構内西側の駅前付近には商店街がある。しかし市の中心部は信濃川を隔てた西岸部に広がる。国道291号から県道へと移る三国街道と並行。上下線が離れてトンネルを潜ると、4車線となった国道17号が近づいて越後滝谷で停車した。

　国道が線路を跨ぎ、長岡市内の南中央通り沿いに広々とした水田の中を北上する。車道が左手へ離れると信越本線を跨いで上越線の終点宮内へ着く。但し、全ての列車は一駅先の信越本線長岡まで乗り入れる。宮内は長岡市の南部に位置し、町内の摂田屋地区は三国街道沿いにあって酒や味噌、醤油の醸造業で栄えた。

前橋市の中心街へ延びる両毛線が分岐する新前橋。地上駅舎時代の建物は、事務所部分が延長され、出入り口付近の上屋が追加されて増築を重ねた模様。乗降ホームを隔てた駅舎の反対側には電車区の構内がある。◎1982(昭和57)年7月　撮影:安田就視

津久田〜岩本間のSカーブを駆け抜ける185系の「新特急谷川」。車体に緑の帯を1本巻いた簡潔な塗装は、斜線が入った特急「踊り子」用の185系とは異なる大人しい印象だ。絵入りのヘッドサインに「新特急」と小さな文字で記されている。

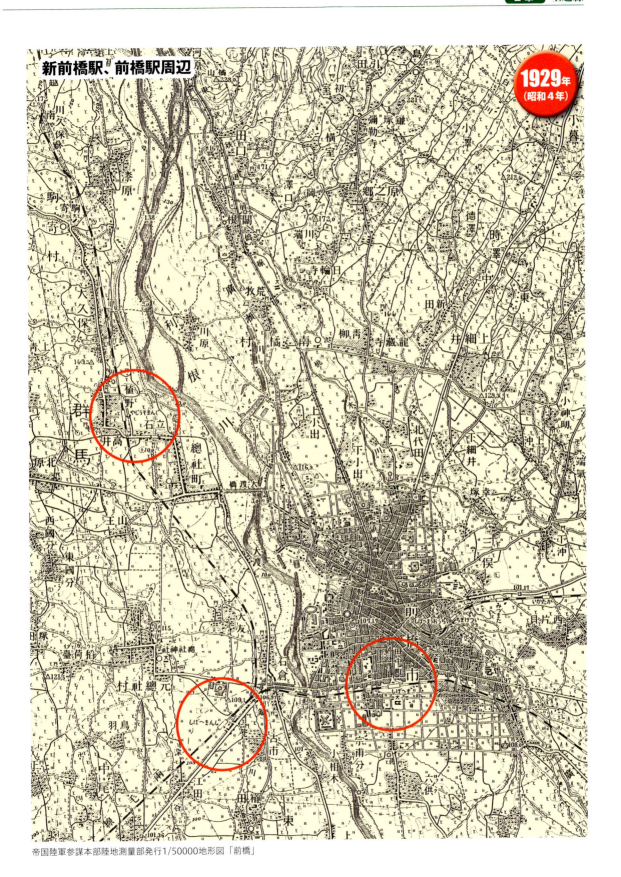

2章 上越線

新前橋駅、前橋駅周辺

1929年（昭和4年）

帝国陸軍参謀本部陸地測量部発行1/50000地形図「前橋」

2章 上越線

地平部分にホームがあった頃の両毛線前橋駅界隈。群馬県の県庁所在地前橋の鉄道玄関口だ。構内南側に洋風の旧駅舎が建つ。留め置かれた貨車の中には野菜等を運ぶ通風車の姿が。ケヤキの並木が続く大通りは、400メートルほど先で交差する国道50号まで延びる。1968（昭和43）年10月18日　◎撮影：朝日新聞社

敷島〜渋川間で利根川を渡る185系の特急「新特急谷川」。新特急は東北、高崎線等で運転していた急行列車を特急に格上げし、使用車両を185系に置き換えた列車の呼称。1985年3月14日のダイヤ改正で登場した。◎1990（平成2）年10月13日　撮影：安田就視

駅舎を飾るレンガ色の屋根。黄色い舗装が明るい雰囲気を醸し出す渋川駅前。しかし、駅舎正面には観光ポスターや格安切符の宣伝等、多種多様な広告類が雑然と張り出されている。出入り口付近には腕木式信号機が立つ。◎1982(昭和57)年7月　撮影：安田就視

敷島〜津久田間で利根川の段丘上を行く165系の急行「ゆけむり」。臨時運転の準急として1957（昭和32）年に登場した列車名で、1968（昭和43）年に上野〜水上・石打間の急行だった「奥利根」を名称変更。新特急の登場までを飾った上州路の優等列車だった。◎1978（昭和53）年6月17日　撮影：安田就視

岩本〜沼田間で利根川を渡る185系。急行型の165系を置き換える目的で200番台車が1982 (昭和57) 年に新製投入された。急行「ゆけむり」「草津」等の間合い運用として、普通列車に充当される機会もあった。◎1984 (昭和59) 年11月　撮影：安田就視

旧塗装のぶどう色を纏ったEF58 89号機が14系客車を牽引して沼田〜岩本間を行く。旧国鉄時代の末期より、上越線では旧型電気機関車を用いたイベント列車が頻繁に運転された。その実績が民営化後、蒸気機関車の営業運転に繋がった。◎1990（平成2）年10月3日　撮影：安田就視

沼田〜岩本間で利根川を渡る115系の普通列車。上越線の群馬県側は1960年代より高崎方から複線化が進められていった。上り線の橋脚が石積みであるのに対し、増線されたと思しき下り線の橋脚はコンクリート製だ。◎1990（平成2）年10月13日　撮影：安田就視

1983（昭和58）年に開催された「第38回国民体育大会」の広告塔が立つ沼田駅前。当時の大会スローガンであった「風に向かって走ろう」の文言が記され、当駅が鉄道の最寄りとなる沼田市、片品村、川場村が横並びで記載されている。◎1982（昭和57）年7月　撮影：安田就視

非貫通型のクハ183を編成の先頭、最後尾に組み込んだ183系1000番台車。特急「とき」で使用されきた181系の置き換え用として1974（昭和49）年に登場した。沿線に鯉のぼりが見られる子どもの日の後閑〜上牧間を行く。◎1982（昭和57）年5月5日

群馬県の上越線沿線温泉巡り （絵葉書提供・文　生田　誠）

上越線の沿線は、豊富な温泉地があることでも知られる。群馬県の伊香保温泉、新潟県の越後湯沢温泉は広く知られているが、ほかにも秘湯、名湯が数多くある。ここでは３つの温泉（猿ヶ京・霧積・谷川）を、昭和戦前期に発行された絵葉書で紹介する。

◎猿ヶ京温泉
昭和戦前期、上越線後閑駅に向かう「猿ヶ京温泉乗合自動車」のバス（乗合自動車）が見える猿ヶ京温泉のバス停付近の風景。旅館の壁に「法師温泉行御客様御案内所」が見えるように、国道17号（三国街道）を北に進むと法師温泉があり、県境を越えて越後湯沢駅に至る。後閑駅が最寄り駅であったが、現在は上越新幹線の上毛高原駅を利用する人が多い。

◎霧積温泉
霧積温泉は群馬県安中市にある温泉で、現在はこの旅館「金湯館」のみが営業している。1888（明治21）年には、避暑地。軽井沢の歴史を開いたカナダ人宣教師、アレクサンダー・クロフト・ショーが訪れて、広く紹介した。しかし、明治後期の山津波により、栄えていた温泉・別荘街は壊滅した。昭和戦前期の風景。

◎谷川温泉
谷川温泉は、群馬県みなかみ町にある水上温泉郷のひとつで、最寄り駅は上越線の水上駅である。この温泉は、作家たちが愛したことでも有名で、川端康成に薦められた太宰治が１カ月ほど滞在し、「創世記」を執筆した。現在、温泉入り口の県道脇には、太宰治の「姥捨」文学碑が建てられている。昭和戦前期の風景。

コンクリート造りの質実剛健な構えであった頃の水上駅舎。群馬県の北部で利根川の上流部に沿う水上温泉郷の鉄道玄関口である。駅前に利用を促す看板が立つ「新特急谷川」は、1985年から1日5往復が運転された。◎撮影：山田虎雄

大きな屋根を持つコンクリート造の駅舎があった湯檜曽駅。壁面の一部はタイル貼りで、切り抜き文字の駅名がひらがなで着けられていた。改札口から階段を上がった先に上り線のホームがある。◎1982（昭和57）年7月27日　撮影：安田就視

谷川岳の麓で大河利根川の姿は深く細い谷となる。水上〜湯檜曽間の大穴地区を115系の普通列車が走って行った。民営化後、水上以北では白地に青、赤の線をあしらった新潟色と呼ばれる塗装の車両が普通運用を担った。◎1990(平成2)年10月14日　撮影：安田就視

谷川岳山塊の峠越え今昔

上越国境と呼ばれる山越えの難所を抱える水上〜越後湯沢間は、全長9,702メートルの清水トンネル開通と同時に1931(昭和6)年に上越南線の延伸区間として単線で開業。同時に越後湯沢以北の上越北線は南線に編入され、高崎〜宮内間が上越線となった。清水トンネルの両端部には湯檜曽、越後中里駅が設置され、両駅付近の線路は急勾配を上り下りするためにループ線形状となった。現在は駅となっている土合、土樽は信号場として開設された。

時は過ぎ、日本が高度経済成長期の只中にあった1960年代には山間部の複線化が進められた。1967(昭和42)年に新清水トンネル(13,500メートル)が完成する。しかし増線部にループ線は設けられず、上下線が離れた湯檜曽、土合には別個のホームが設けられた。太平洋戦争を経て著しく発展した車両と土木技術が、国境越えに通常のかたちをした鉄路をもたらし、今日では険路を苦も無く行き来しているかのように見せる。

湯檜曽駅の上りホームからは、北東方にループ線の一部を眺めることができる。山中に一瞬だけ姿を現した列車は、数分後にホームへ滑り込んで来る。今日では列車の運転本数が少なく、思いのほか貴重な場面となっている。◎1990(平成2)年10月14日　撮影：安田就視

駅舎中央部の三角屋根が山小屋を連想させる土合駅。下りホームは地下70メートルの新清水トンネル内にあり、駅舎、上り線との高低差は81メートルにおよぶ。下りホームへは駅舎から462段の階段を降りて行く。◎1990(平成2)年10月14日　撮影：安田就視

上り線が急坂を克服するループ形状となっている越後中里～土樽間。付近を流れる魚野川には上下線別の橋梁が架かり、雄大な眺めとなっている。現在、同地点を通過する定期列車は普通と貨物列車のみである。◎1990(平成2)年10月16日　撮影：安田就視

岩原スキー場前〜越後湯沢間を付近の山中から眺望。背景は越後湯沢の街並だ。高層マンションが建ち並び、バブル景気には盛んにリゾート地としての開発が行われたことを窺わせる。画面奥の雪山がスキーリゾートの雰囲気を盛り上げる。
◎1992(平成4)年2月7日　撮影:安田就視

『群馬県史』より

中山道幹線鉄道の計画と変更

　明治政府は殖産興業を進める方針の1つとして、明治2年(1869)11月10日、鉄道建設を進めることを決定した。このとき予定された路線は、東京・京都を結ぶ幹線および東京・横浜間、京都・神戸間ならびに琵琶湖沿岸から敦賀に至るそれぞれの支線であった。

　この結果、東海道筋視察のため工部省職員佐藤政養(当時興之助)・小野友五郎らが派遣された。同人らは4年1月、「東海道筋鉄道巡覧書」をもって復命し、東海道よりも中山道に鉄道を建設することが望ましいと意見を述べている。その理由として、次のことを挙げている。東海道は早くから船便が開け、街道輸送が整備されて交通が便利である。このため鉄道の利用は運賃の格差が少ないと考えられる。それに比べて中山道は山間地が多く交通不便であるが産物が多いため、鉄道を敷設すれば一層開発が進められ、こちらの方がはるかに有効であろう、というものであった。4年3月、小野友五郎らは中山道線路調査のため出張した。また明治政府のお雇い外国人である建築師長ボイル(イギリス人)は7年と8年の2回にわたって中山道を詳細に調査した。9年9月、その結果を上告書で報告し、中山道を適当とする意見を述べている。

　しかし、このころ、熊本神風連および秋月・萩の乱が起こり、さらに翌10年には西南戦争による影響を大きく受け、政府は鉄道建設資金を支出する余裕がなかった。そのため、16年まで中山道幹線の建設は決定されなかった。

　中山道線のうち東京・高崎間については、さきにボイルが特にこの路線の必要であることを強調していた。工部省も建設する考えで政府に要請し、起工も許可されたが、工事費の交付がなく、ついに取り消しとなってしまった。計画の取り消しに対して、群馬・埼玉両県令から、両県とも蚕糸業の盛んなところで旅客・貨物による収入も多く見込まれるので、ぜひ鉄道を開設されたいとの要望書が提出された。この区間は、その後、日本鉄道会社の手で開設されることになった。

　西南戦争以後の財政危機のため遅れていた中山道幹線鉄道の敷設は、16年10月23日に決定した。これにより中山道幹線東部では、16年11月、高崎・上田間の測量を開始した。次いで高崎・横川(松井田町)間の工事を着工し、18年10月15日に開業した。中山道線を幹線とする意見は前述のとおりであるが、ほかに山県有朋らの軍首脳部が、海上から攻撃を受けやすい東海道よりは、その虞のない中山道線を採用した方がよいという強い意向を持っていたということもあった。しかし、中山道線は工事を開始するとさまざまな難問題に直面した。そのうち最も重要な問題は地形上の悪条件であった。『日本国有鉄道百年史』によると概要は次のとおりである。

- 中山道線は1マイル(1.6キロメートル)当たりの建築費が8万4000円を要するのに対し、東海道線は1マイル当たり4万5000円にすぎない。
- 中山道線は地形が険しく、トンネルが多く橋りょうの延長は少ない。東海道線はトンネルは少ないが橋りょうの延長が長い欠点がある。急こう配区間では中山道線が区間数・延長ともはるかに多い。
- 列車の運転時間は、中山道線の19時間余に比べて、東海道線は13時間余となっている。
- 中山道線の営業利益は、資本金の1.95パーセントに対して、東海道線は4.8パーセントが予測されている。

　こうした事情を考慮し、井上勝鉄道局長官は東海道線の採用案を上申、19年7月13日、閣議はこの意見を可決し、7月19日に幹線変更を公布した。もしも、中山道幹線鉄道が予定どおり完成していれば、この沿線地域に与えた恩恵は大きかったに違いない。

官設鉄道による碓氷峠越え

　すでに述べたように、中山道幹線鉄道の敷設計画に基づいて、高崎・横川間が18年10月15日、開業した。これは県内における官設鉄道の最初である。開業当時の運行状況をみると、高崎・横川間は、1日4往復で所要時間は1時間20分程度であった。乗車賃は上等1円、中等60銭、下等30銭で安い値段ではなかった。また、磯部温泉へ新橋・品川・上野から、後述する日本鉄道(上野・高崎間)を経由する2日限通用の「往返切手」(往復切符)を発売していたのは珍しい。この路線の開業により別荘もでき、東京方面から急激に入浴客が増加した。終点横川で旅客は下車、中山道を歩いて碓氷峠を越えたが、後に馬車鉄道が往復するようになった。前述のとおり、19年7月19日に幹線鉄道の方針が東海道へと変更されたが、高崎・直江津間は、新たに東京と直江津を結ぶ重要な鉄道として、建設工事が継続されることになった。

　さて、碓氷峠越えを完成させたアプト式鉄道は、わずか11.2キロメートルの距離を標高差552メートル余、急こう配区間66.7パーミル(1000分の66.7)を登る険しいものであった。鉄道技術者が入山・和美・中尾の各ルートを中心に現地調査をする苦心は大変なものであった。測量は17年3月から南清らによって進められたが、ルートの最終決定に至らなかった。さらに22年6月に建築師長ポーナルが現地へ派遣され、本間英一郎と和美・入山ルートを踏査した。ポーナルは、南清らの測量図面により既設の軽井沢・直江津間に接続できるルートを選定し、鉄道局長官へ報告した。

　このころ、欧州へ出張中の仙石貢・吉川三次郎らは、ドイツ、ハルツ山鉄道がこう配16.5分の1(1000分の60.6)の区間に、アプト式中心歯状軌条と通常軌条を併用しているのを視察報告をした。さらに、鉄道局在英顧問技師シャービントンもアプト式を使用することが有利であるという意見であった。本間英一郎もアプト式鉄道を考慮して入山・和美・中尾の3ルートの測量を指示した。ポーナルは、中尾ルートが国道に沿っているので工事のため通行に支障がある、と和美線を選ぶよう鉄道局長官に報告した。この結果、23年アプト式を用いて和美ルートを採用することに決定した。しかし、本間英一郎は和美ルートに対して批判的であり、意見書を長官に提出し再調査するよう要請した。『日本国有鉄道百年史』によるとその理由は、

①中尾ルートが採用されれば東京・直江津間が2マイル半

（4キロメートル）短縮できる。
②中尾ルートのトンネル延長はわずかに多いが、1個のトンネルの長さは和見ルートの方が長いので経費が多くかかる。
③中尾ルートは国道に沿っているうえ、馬車鉄道の便があり資材運搬に便利である。
④トンネル1個の長さが長いほど工期が遅れるから、中尾ルートは和見ルートより1年半ほど工期が短縮できる。
⑤以上の理由によって中尾ルートは工費が節減できる。

という諸点である。そこでふたたび現地調査が行われ、十分検討した結果、24年2月4日、横川・軽井沢間の線路は中尾ルートに改めることに決定した。

工事は24年3月19日に着手し、翌25年12月22日に完成し、試運転期間を経て26年4月1日、営業を開始した。これにより中部横断鉄道が完成し、上野・直江津間が全線開通して、旅客・貨物の運輸が便利となり産業経済に与えた影響は大きかった。開通以前は、荷馬車などで大量の繭が碓氷峠を越えて岡谷地方へ輸送されていたが、鉄道の開通によって非常に便利となり、36年6月には1日当たり平均38車両という繭が、アプト式鉄道により碓氷峠を越えるという状況であった。

碓氷峠は急こう配のためアプト式鉄道が採用され、他線に比べて輸送力が少なかった。北越地方の油運送（タンク）車と春繭の出荷、越後米輸送などと重なる季節には貨車の停滞が著しかった。このため、軽井沢・横川間に落差を利用して石油を流す流油鉄管を敷設して、39年5月から石油の輸送を開始した。45年、この区間の電化により、列車の運転回数が増加したので、鉄管による輸送の廃止を検討したが実施に至らず、大正3年（1914）11月、磐越西線の全通を待って廃止した。この区間は、創業時は蒸気機関車で運転していたので煙突から出る煙はものすごかった。そのため、乗務員はもちろん旅客も大変だったようである。ことに横川から軽井沢へ向かって碓氷峠を登って行く列車がひどかった。そこで、煙を防止するためトンネルの入り口に幕を取り付け、幕引き作業員がいて最後部の機関車がトンネルに入ると、素早く入口に設けた幕を引いた。後から空気を吸い込まれるのを防ぐためである。トンネル内の列車と幕の間に真空に似た状態ができ、煙は自然に後に流れ、その間に列車はトンネルを通過するという仕組みであった。

碓氷峠が電化されたのは45年のことで、5月11日から旅客・貨物列車の一部が定期運転を開始した。両駅間の運転所要時間は43分で、従来より30分近く短縮され輸送力も増強された。そのうえ、ばい煙による苦痛から解放されて乗務員は救われ、旅客も楽しい旅ができるようになった。しかし、蒸気機関車の全面廃止はその後のことであった。

日本鉄道の開通

14年5月21日、創設発起人池田章政ほか461名の連名による日本鉄道会社創立願書が東京府知事へ提出された。群馬県内からも宮崎有敬・星野耕作・星野長太郎・中島伊平・下村善太郎をはじめ多くの人が、発起人に名を連ねている。当時の群馬県令楫取素彦が郡長と緊密な連絡を取り、株金募集について熱心に協力した。その結果、表119のとおりの応募があり、人員では東京を上回り株数、金額では2位となっている。これは、県当局の努力と、蚕糸・織物業に熱心であった群馬県民が鉄道建設に大きな期待をかけたためであろう。発起人たちは、日本鉄道創立願書が認められた場合、第1区線（東京・高崎・前橋間）の建設工事を政府へ委託したい旨を請願してあったがこれも許可された。これは、当時民間に鉄道工事を施行できる技術者が得られなかったためであり、第1区間の完成までに職員を育成したいという主旨であった。

東京・高崎・前橋間の鉄道工事は15年6月1日に着工され、16年7月26日、上野・熊谷間の工事が完成し、7月28日から営業を開始した。日本鉄道では16年5月19日に保線、運転関係の業務を開業後1年間政府に委託することを工部卿に請願し聞き届けられていた。熊谷以北については、16年5月着工、10月21日に熊谷・本庄間が開業、さらに同年12月27日、本庄・新町間が開業、本県内にはじめて鉄道が敷設された。その後17年5月1日に新町・高崎間が開通した結果、上野・高崎間が全通した。そこで、17年6月25日に上野・高崎全通を記念して、明治天皇の行幸を仰いだ。当日午前7時10分に明治天皇は上野停車場へ到着、会社役員が小礼服を着用して奉迎し、皇族・大臣・参議および各公使が同乗して午前8時に発車、午前10時20分熊谷停車場へ到着した。熊谷駅では工部省係員が作業員を指揮する線路敷設作業を視察した。午前10時32分、熊谷駅を発車して正午高崎停車場に到着、帰りは午後3時発車、午後7時上野駅到着。

次いで、17年8月20日に高崎・前橋間が開業した。このときの前橋停車場は利根川西岸の内藤分（石倉）にあった。その後、両毛鉄道会社によって利根川橋りょうが完成し、22年12月26日から日本鉄道の列車が乗り入れるようになったので、日本鉄道の前橋停車場は25日限り廃止された。日本鉄道第1区線（東京・高崎・前橋間）の営業成績は表120にみるとおり、建設資金に対して年純益が1割を超えており、まずまずの好成績であったといえよう。その後39年3月31日鉄道国有法が公布され、日本鉄道は同年11月1日買収され、国有となった。

土合駅の下りホームは、複線化工事で開通した新清水トンネルの中に設置された。駅舎から70メートル下の地中へ向かう道が建設された。ホーム側から駅舎方を望むと、出入り口付近から差し込む光は、階段が天空まで延びているかのように感じさせる。©1967（昭和42）年9月30日　撮影：朝日新聞社

上越線の複線化完成後、下り線を通る初電が新清水トンネルに差し掛かる。早朝より記念すべき運用に就いた旧型国電には、開通を祝う装飾が施されている。テープが舞うお祭り気分の現場は、削られた斜面が生々しく未だ工事半ばの様子だ。◎1967(昭和42)年9月28日　撮影：朝日新聞社

出入口付近に上越新幹線の開業を祝う看板が掛かる越後湯沢駅。雪が舞う中、駅前では融雪用のスプリンクラーが稼働している。駅舎は写真の新幹線駅となる西口が2階建ての高架で、東口側は橋上駅舎となっている。◎撮影:山田虎雄

上越新幹線は長大トンネルの間にある越後湯沢駅付近で陽光下に姿を見せる。構内西口の高架駅は新幹線の建設時に建てられた。ガラス張りの壁面越しに、緑色の帯を巻いた200系が停車していた。◎1990(平成2)年10月16日　撮影:安田就視

線路近くに雪の壁が残る越後湯沢〜石打間を行くEF16牽引の貨物列車。急勾配区間に対応する機関車として、1950年代の標準型貨物機であったEF15を改造の上、水上機関区、長岡機関区に配置した。補機運用が主な仕業だった。◎1975（昭和50）年3月13日　撮影：安田就視

切妻運転台のクハ75を先頭にして石打〜越後湯沢間を行く70系の普通列車。クハ75はグリーン車のサロ75に制御車化改造を施し、普通車に格下げした車両だ。白黒の単調な雪景色に明るい色合いの新潟色が映えた。◎1975（昭和50）年3月13日　撮影：安田就視

小雪が舞う石打〜越後湯沢間を行く普通列車は70系。旧国鉄時代に新潟地区で活躍した車両は、新潟色と呼ばれた赤2号と黄5号の2色塗装を施されていた。1962(昭和37)年の長岡〜新潟間電化に際し、京阪神緩行線等で使われていた車両が転入した。◎1975(昭和50)年3月13日　撮影:安田就視

長編成をくねらせて石打〜越後湯沢間を行く183系1000番台車の特急「とき」。181系を置き換えるべく、信越本線用に開発を進めていた189系からヨコカル対策の仕様を省き、0番台車に耐寒設備等を追加した車両だ。◎1975(昭和50)年3月13日　撮影：安田就視

流行に乗って増発されたスキー列車

上越線の沿線には大小のスキー場が点在する。越後中里のように駅前からゲレンデが広がる所もあり、スキーが一般的なレジャーとして人気を博した1960年代の後半からは、臨時のスキー列車が数多く運転された。特急「新雪」は1969（昭和44）年に上野〜石打間の臨時列車として運行を開始した。以降、浦佐、小出、長岡まで延長運転される年もあった。
車両は当初、東海道本線の特急「あまぎ」等の運用に就いていた157系が充当された。車両の世代交代が進む中で、東北地区の車両基地に所属する485系や、489系、183系、185系が用いられ、種類豊富な車両が行き交うようになった。またスキー列車には客車を用いた便もあり、9両前後の長編成を連ねた長岡区所属のEF58が、未明の雪路を力強く駆けた。回送列車では白昼、高崎方面へ南下する姿を見ることができた。

上越線経由で上野〜直江津間を結んでいた165系の急行「よねやま」。末期はグリーン車1両を含む10両編成で運転していた。上越新幹線の大宮開業後も存続し、1985（昭和60）年の新幹線上野開業時に廃止された。◎1984（昭和59）年11月　撮影：安田就視

山麓の木々が赤く色づいた晩秋の大沢〜石打間を行く115系の普通列車。70系に代わって投入された近郊型電車は湘南色のいで立ちだった。背景にそびえる冠雪の峰は巻機山(標高1,967メートル)。◎1984(昭和59)年11月　撮影：安田就視

六日町(現・南魚沼市)の繁華街に隣接する六日町駅。重厚な構えの玄関口を備える木造駅舎が建っていた。上越新幹線は町内西側の長大トンネルを潜り、駅周辺から姿は見えない。しかし、上越線の駅ゆえ開業を祝う垂れ幕が出入り口付近に掛けられた。
◎1982(昭和57)年7月23日　撮影:安田就視

2章 上越線

雪深い六日町〜五日町間を行く特急「はくたか」。485系は白地に青、水色の帯が入った上沼垂運転区(現・新潟車両センター)色のJR所属車だ。「はくたか」にはJR、北越急行2社の車両が共通運用されていた。
◎1999(平成11)年2月19日　撮影：安田就視

六日町駅に停車する115系の普通列車。1997(平成9)年に旧国鉄時代からの計画路線を引き継いで建設した、第三セクター鉄道の北越急行ほくほく線が開業。当駅が起点となり、特急「はくたか」、普通列車の一部が越後湯沢まで乗り入れた。
◎1999(平成11)年2月19日　撮影：安田就視

新幹線駅の開業まで残すところ3カ月余りとなった浦佐駅。自由通路の外壁面には、「11月15日上越新幹線開業」と記されたささやかな横断幕が掛かる。巨大な高架駅の直下に在来線のホームがある。◎1982 (昭和57) 年7月23日　撮影：安田就視

上越新幹線の高架が在来線の西側に続く浦佐付近。周囲は越後三山の一つである霊峰八海山（標高1,778メートル）を望む田園地帯である。現在も駅周辺は長閑な風情で、上越新幹線の駅では最も乗降客数が少ない。◎1990 (平成2) 年10月16日　撮影：安田就視

構内から遠望される山々は真っ白に雪化粧している。ホームの上屋や駅名票は雪を被り春まだ遠い雰囲気の小出駅。4番線・5番線は只見線用で駅名票には薮神と記されている。キハ55と20を連結した列車が発車時刻を待つ。◎撮影：山田虎雄

魚野川と破間川の合流地点にある小出は山間の小さな町だ。只見線の終点でもあるが、駅の利用者は多くはない。それでも旧国鉄末期の駅には、東京方面への旅行を勧める広告等が貼られて集客に努める姿勢が窺われた。◎1982（昭和57）年7月23日　撮影：安田就視

越後川口～北堀ノ内間で上越線は蛇行を繰り返す魚野川を貫く様に渡る。越後川口方の岸では上越新幹線が在来線を跨ぐ。ともにトンネルとトンネルの間で列車が陽光下に顔を出す短い区間での出会いだ。
◎1990（平成2）年10月17日　撮影：安田就視

2章　上越線

上越線と只見線の列車が乗り入れる小出駅。只見線にとっては終点である。ホーム3面5線を有する構内は、通勤通学の時間帯ともなれば賑わいを見せる。画面奥の1番線・3番線に上越線の列車が発着。手前の4番線・5番線が只見線用だ。◎1990（平成2）年10月16日　撮影：安田就視

2章 上越線

小千谷〜越後滝谷間では信濃川に沿って走る。川の東岸は山塊が迫る狭い場所で上越線と県道が束ねられるようにして並ぶ。鉄路はトンネルへ入った先で上下線が大きく離れる。画面奥に見える堰の向うを国道17号が通る。◎撮影：安田就視

ゆったりとした曲線を描くホームが構内をかたちづくる越後川口駅。2両編成の115系が停まる島式ホームが上越線用だ。手前の1番線からは十日町方面へ向かう飯山線の列車が発着する。停車位置表示に列車番号を記入した札が掛かる。◎1984(昭和59)年1月14日　撮影：安田就視

駅舎近くまで車が乗り付けられる構造だった時代の小千谷駅。現在は駅舎前に石積み風の階段が設置されている。駅前は広々としたロータリーに整備された。ガラス壁面が多い駅舎の外観は当時からの姿だ。◎撮影：山田虎雄

『新潟県史』より

上越線の建設

　上越線の建設は明治20年代からの県民の夢であった。明治43(1910)年には、議会で「上越線建設に関する建議」が採択され具体的な動きが始まり、ついで、大正7(1918)年には、第40帝国議会に「鉄道敷設法」中改正法律案が提出された。このうち「群馬県下高崎ヨリ新潟県下長岡ニ至ル鉄道」である上越線が、第1期予定線として可決され、大正14年までの継続事業として直ちに着工された。工事は清水トンネル予定地をはさんで南北から実施し、新潟県側は長岡建設事務所が担当して、大正6年中に宮内から開始した。信濃川の東岸を通り9年には東小千谷(現小千谷)までが開業し、その後順次部分開業を進め、14年11月には越後湯沢に達した。
　上越国境地帯のトンネルの総延長は1万5170メートル、両端にループ線を採用、中央の清水トンネルは谷川岳の下を貫通し、9702メートルという当時日本一の長さを誇り、国鉄としては前例のない大工事となった。越後湯沢ー土樽間、沼田ー土合間に資材輸送用の軽便鉄道を敷設した後、大正11年8月に群馬県側の土合口から、12年10月に新潟県側土樽口から本工事が始められた。工事は難行をきわめ、山ハネといわれる岩石の破裂や大量の湧水、冬期間のダイナマイトの暴発などの事故で21人もの犠牲者を出したが、昭和4(1929)年末導坑が貫通し、6年9月1日には石打ー水上間を電化のうえ、待望の全線開通にこぎつけた。このため東京との距離は信越線経由より98キロメートル、時間にして4時間も短縮されることになった。アプト式軌条をもつ信越線では、この区間を電気機関車4両で280トンしか引けなかったのに、最急勾配を1000分の20におさえた上越線では、当初の小型電気機関車(ED16)2両でも650トンを引くことができた(『新日本鉄道史』)。これにより従来信越線や磐越西線経由であった多くの貨物列車が上越線経由に変更され、輸送力増加の可能性、時間の短縮は著しいものがあった。開通を喜んだ黒崎知事は「本線の全通によって沿線各地の生産物交易の利便を拓き生産増加、商工業の発展を招来すべきは勿論延いて本線と連絡する港湾、道路、軌道等の完成を促進することになる」(資料編近代4　643～644ページ)との談話を発表、県内産業の活性化と交通網の整備を促すきっかけとなることが大きく期待された。
　長岡市では、昭和6年8月21日から9月30日まで上越線全通記念博覧会が開催され、全市をあげて祝賀一色に沸き立った。また、これに先立つ大正15年には長岡駅舎が改築され、また昭和3年から3か年の歳月を費やして、1日1000両の貨車を取り扱える操車場も建設された。
　しかし、折からの不況のために昭和6年は、全国鉄の輸送量は人員貨物とも最低に落ちこみ、上越線の開通も直ちに旅客・貨物の増加とは結びつかなかった。7年以降恐慌からの回復、中央と大陸を結ぶ最短コースが認められるようになって、この大動脈は初めて大きな効果をあらわすことになる。

特急「とき」と鉄道網の充実

　昭和30年代の高度経済成長に伴い、物的、人的な流動が激化した。通勤・通学客と行楽客も激増し30年～39年時には旅客輸送量は1.6倍となった。また大量生産、大量消費という経済活動の活発化に伴う荷動きも急増し、同時期の貨物輸送量は2倍に膨らんだ。特に本県は国道の未整備、地理的条件による長距離貨物輸送が多いこと、積雪による道路輸送の長期間途絶等により鉄道貨物輸送の割合が非常に大きかった。とりわけ新潟地帯では新潟港出入貨物の増加、工場の拡充、誘致等により、当時の設備では高まる輸送要請に到底応じきれなかった。折しも31(1956)年4月待望の白新線が全通すると貨物は一層増加し、これに対応して上沼垂操車場の移転拡張が行われた。新操車場は1日1200両の操車能力をもつ新操車場として32年10月開業し、新津ー上沼垂間の複線化も行われた。その他、32年8月、大糸線小滝ー中土間が開通し、糸魚川ー松本間の直通運転が可能となった。そして33年4月新潟地帯整備の要衝・新潟駅が着工以来2年、約4億円を費して開業した。それは県下初の民衆駅として、地階には市内の有名店が営業する名店デパートと食堂、駅前には新潟交通のバスターミナルを備えた。34年4月には機構改革が行われて新潟に日本海側唯一の支社が誕生し、35年8月新潟鉄道管理局は廃止された。国鉄新潟支社はローカル線の赤字克服、輸送改善を目的に、34年～35年に魚沼、赤谷、只見、越後、弥彦、米坂、磐越西の各線に管理所や管理長を置いて線別経営を推進した(日本国有鉄道新潟鉄道管理局『五十年史』)。
　32年度からは、老朽施設の取り替え、輸送の近代化、輸送力の増強を目的とした国鉄の第1次5か年計画がスタートし、37年6月、36年度発足の新5か年計画要目の1つ長岡ー新潟間の電化が完成、新潟ー上野間に県民待望の特急「とき」が登場した。平均時速74キロ、新潟ー上野間を4時間40分で走る「とき」は、日本一の豪雪地帯と勾配の多い越後山脈を走るため、車両の性能は世界のトップレベルといわれた。長岡ー新潟間の電化に伴いローカル列車にも電車10両が配備され、本数も増発された。また36年から38年にかけて優等列車が続々と運行を開始し、38年10月には県内を通過する特急・急行・準急は25本となった。

3章
信越本線

更埴市(現・千曲市)内にはチューリップの球根を採取して持ち帰ることができる観光農園、チューリップの里があった。同時に信越本線の沿線でも、咲き誇る花を愛でることができた。同施設は2009年に閉園した。◎1975(昭和50)年3月13日　撮影：安田就視

3章
信越本線

信濃路を長野経由で大迂回しつつ
上州と下越地方を繋いだ幹線迷路

超急勾配を克服したアプト式鉄道

　1997（平成9）年に北陸新幹線の高崎〜長野間が先行開業したのを機に、一部区間の廃止、第三セクター化で様変わりした信越本線。ここでは、避暑地軽井沢への鉄路であり、長野、直江津を経由して日本海沿いを新潟まで結んでいた時代の道程を辿ってみよう。

　高崎駅から上越線と並行して発車した列車は、程なくして左手に大きく曲がる。高崎市内西部を横断するうちに国道17号を潜る。河川敷付近で緑が多く見られる烏川周辺は郊外のオアシス。群馬長野県境にそびえる碓氷峠から流れ出る碓井川を渡る。車窓からは信濃路でゆったりとした稜線を広げる浅間山が、端山越しに遠望される。

　安中バイパスを潜って安中に到着。駅構内の南側には東邦亜鉛の精錬所があり、現在も当駅発着の貨物列車が設定されている。蛇行を繰り返す碓井川の段丘部を鉄路は直線的に進む。松井田を過ぎると上り勾配が急になる。上下線が離れた配置になるのは、1965（昭和40）年に増線により複線化された際の名残だ。

　南側車窓に切り立った岩場が稜線をかたちづくる妙義山が間近に見えると碓氷峠へ向かう拠点となる横川に到着する。碓氷峠は碓井川の深い谷間から高地軽井沢へ上がる険路だ。群馬県側からは長野方へ向かってほぼ一方的な上り勾配となる。最大66.7パーミルの超急勾配が控える横川〜軽井沢間には鉄道の建設当初、一般的な軌条の間に歯車を引き延ばしたような形状のラックレールを敷き、車両側の歯車と噛み合わせて急坂を上るアプト式鉄道が採用された。当区間は1963（昭和38）年に一部を新線とした粘着運転となり、専用機関車のEF63が登場した。

　特急「あさま」「白山」等の優等列車はもとより、短編成の普通列車にも2両の補機が連結される。連結作業が行われている間に名物の釜めしをホームで購入。横川を発車すると程なくして周囲は木々に蔽われる。レンガ壁が残る旧丸山変電所の傍らを通る。

大小のトンネルを潜り、碓氷湖に繋がる沢を高いコンクリート製のアーチ橋で渡ると、車窓の南側にレンガ積みのアーチ橋が一瞬見える。旧線時代にアプト車両が行き交った施設だ。第10、第11トンネルの間に造られた構内は旧熊ノ平信号場（旧・熊ノ平駅）を通過する。単線であったアプト式鉄道時代にはここで列車が交換した。再び車窓は闇の中へ。かつて信号場が置かれていた矢ケ崎地区で陽光下へ出ると、正面に軽井沢の街並が広がる。

千曲川の流れを遡上して長野へ

　軽井沢駅は群馬、新潟県いずれの方向から運転される北陸新幹線の先行開業に伴い、軽井沢〜篠ノ井間は第三セクター鉄道のしなの鉄道に転換された。しかし、路線そのものが廃止された横川〜軽井沢間と異なり、鉄道施設はほぼそのまま引き継がれている。特急列車が行き交う様子は見られなくなったものの、車窓からの展望は往時の雰囲気を色濃く残す。

　ホテルやテニスコートが散見されるリゾート地らしい眺めから、役場や学校等が設置されている中軽井沢界隈へと道を進める。信濃追分は文字通り長野県下の信濃路が始まる意味をなす。信越本線が高崎から繋がっていた時代には当駅までが高崎支社の管轄であり、鉄道においても追分の地であった。ゆったりとした里山風景が広がる中、車窓の北側には信州北東部を彩る名峰である浅間山を望むことができる。田畑の中にある平原を過ぎ、県道の高い橋を潜ると左手から小海線が寄り添ってきた。信越本線と並行する辺りに小海線のみの駅である乙女があり、両路線は小諸まで並んで走る。

　新幹線の経路から外れた小諸は静かな佇まいの構内となった。信越本線時代は優等列車の停車駅であった。ホームの立ち食い蕎麦屋は第三セクター化後も営業を続けていたが、客足の減少とともに閉店した。

　地域の名勝地である懐古園の森を見て、大河千曲川の段丘上を列車は進む。田中〜大屋間には北国街道の宿場として栄えた海野宿がある。街並みの路地

からは、信越本線の線路を僅かながら見通すことができる。また、大屋から上田にかけての区間では、上田丸子電鉄（現・上田交通）丸子線と並行していた。丸子線は上田東駅と丸子町駅を結ぶ11.9キロの電化路線で1969（昭和44）年に廃止された。

千曲川に注ぐ神川を渡り、千曲川の河川敷を左手に見ながら城下町上田へ入って行く。当駅からは温泉地別所へ向かう上田電鉄（前・上田交通）別所線が発着する。戦国武将真田氏の居城があった上田城址の石垣を見ながら進路は西へ。坂城は近隣に新日本石油の油槽があり、現在も専用線から貨物列車が発着する。

町内西方の森をトンネルで潜り抜け、温泉地の玄関口駅である戸倉へ。千曲市（旧・更埴市）の中心地にある屋代に至る。当駅は2012（平成24）年に廃止された長野電鉄屋代線の起点でもあった。上下線が別個になったトラス橋で千曲川を渡ると松本方面へ延びている篠ノ井線と合流して篠ノ井に着く。農家集落が続く善光寺平の南端部を進み、武田信玄と上杉謙信の合戦地として知られる川中島を経て長野市内で千曲川と合流する犀川を渡る。線路は右手に大きく曲がり、市街地を流れる裾花川を渡って名利善光寺の門前町である長野に到着する。

秀峰を車窓に見て高地を駆ける

長野は地域交通の要として発展した駅だ。在来線華やかりし頃には東京と長野を結ぶ優等列車の他、信越本線経由で金沢へ向かう特急「白山」等が発着していた。また、篠ノ井線からは名古屋、大阪と信州を結ぶ特急「しなの」が乗り入れて来る。北長野の近くには旧国鉄時代からの車両工場（現・長野車両センター）がある。長らく信越本線の拠点であったが、北陸新幹線の長野〜金沢間が延伸開業した際に長野〜妙高高原間が第三セクター鉄道のしなの鉄道北しなの線。妙高高原〜直江津間がえちごトキめき鉄道妙高はねうまラインに転換された。

旧国鉄時代より長野を始発終点とする列車は多い。直江津行きの列車は、留置線に並ぶ車両を横目に市街地を北東方向へ走り出した。長野電鉄長野線を潜る。線路の周辺や西側の丘にリンゴ園が目立ち始め、飯山線が分岐する豊野に着く。向原地区の山裾を大きく北側へ回り込むと周囲は山間風景に変貌。鳥居川の谷を牟礼へ向かう。当駅の駅舎は1922（大正11）年の建造。跨線橋は1900（明治33年）製で、現役の施設としては日本最古の部類に属する。

いよいよ急峻になった山間部を上り、短いトンネルを潜った先が古間である。正面には雄大な姿を湛える黒姫山（標高2,053メートル）が見える。黒姫はかつての駅名を柏原（かしわばら）といい、ヨン・サン・トウダイヤ改正と同じ1968（昭和43）年10月1日に現駅名へ改称した。信越本線時代には御代田〜当駅間が長野支社の管轄で妙高高原〜直江津間は新潟支社の管轄だった。

野尻湖付近から関川の岸辺に建つ妙高高原へ向かって、針葉樹林の中を一気に駆け下り新潟県下へ。付近の斜面は北を向き、冬季には地域随一の豪雪地帯となっている。そうした立地からスキーリゾートの玄関口として賑わった妙高高原駅舎内には、大勢のスキー客に対応すべく設置された臨時のラッチがいくつも残る。かつての駅名は田口で、こちらは1969年に改称した。

直江津へ向かって急な下り勾配がなおも続く。関山は1985（昭和60）年までスイッチバックの構内だった。駅を出ると線路沿いに防雪林が続き、木立が途切れた先に妙高山（標高2,454メートル）が麗姿を現す。次の二本木もスイッチバック駅だ。こちらは現在も特徴的な線路配置が健在である。列車は発着する度にX形状の構内をジグザグと動く。

旧市名を駅に冠する新井は、駅前通りの近くに市役所がある地域の中心地。線路は関川と矢代川に挟まれた平野部を北上する。市街地から若干離れた農家集落部に設置された脇野田駅は隣接して北陸新幹線の駅が建設され、現在では上越妙高と改称した。現在は上越市の一部となっている旧高田市街地へ入ると沿線にはにわかに賑わいを見せるようになる。駅前に現上越市役所が建つ春日山を過ぎ、国道8号線を潜るとこちらも旧市名を駅名に残す港町直江津に到着だ。

景色は海から山へ、下越の都新潟へ

信越本線と北陸本線が交わる当駅は古くから地域輸送のみならず、長距離輸送においても鉄道の拠点となっていた。構内の東方には大型の扇形庫を備えた機関区があった。現在は駅舎や自由通路が船をイメージした意匠となっており、港町を意識しているように映る。

列車は沿岸部と着かず離れずの距離を取って走る。

直江津から一駅先の黒井に隣接していた新黒井駅からは、軽便路線の頸城鉄道が分かれていた。内陸部へ向かい国道253号沿いの浦川原までの15キロメートル区間を走っていた小さな列車は、百間町〜

飯室間の廃止を以って1971(昭和46)年に全廃された。路線の廃止とは逆に次の犀潟からは第三セクター鉄道の北越急行ほくほく線が上越線六日町との間に1997(平成9)年開業。北陸新幹線の金沢延伸までは、特急「はくたか」を運転していた。

米山付近から海岸線へ出る。西に水平線を望む車窓から眺める夕陽は美しい。青海川は波打ち際の至近にホームがある小駅。鯨波近くは海水浴場が点在し、夏季には当駅名を冠した臨時列車が運転されていた。鵜川を渡って柏崎に到着。海側へ向かって越後線が分岐するのに対して、信越本線は南東部の山間区間へ分け入る。

塚山峠の東側を流れる渋海川の谷筋に向かって小さな山越えが始まる。山裾で大きな曲線をいくつも描き、線路は森影へ入る。長鳥～塚山間の峠はトンネルで一気に抜けて、長岡市側へ。信濃川を渡り北へ大きく向きを変えると宮内に着く。右手からは上越線が近づいてきた。ここまで来れば沿線は新潟県下で、県庁所在地新潟市に次ぐ規模を誇る長岡の市街地だ。3面の地平ホームを有する構内に列車はゆっくりと停まる。

上越新幹線の開業前には特急「とき」、急行「佐渡」等の在来線優等列車でホームは賑わった長岡。「きたぐに」や「北陸」等、東北や北陸地方へ向かう夜行列車の通り道でもあった。また1975(昭和50)年に廃止された越後交通栃尾線も当駅を通っていた。新幹線の高架駅が地平部に影を落とす現在でも、長いホーム等に主要駅としての威厳が垣間見られる。

駅の周辺は地方都市の風情に包まれている長岡だが、ホームを離れて数分間も走れば、車窓には広々とした田園風景が流れ始める。大きく区画整理された水田は、流石に日本屈指の米どころと旅人を頷かせる。国道8号を潜り、刈谷田川を渡る頃になると、線路は水田の只中を北東方向へ直進するようになる。視界一杯に田畑が広がる様は若干大陸的な眺めだ。

再び沿線に家並が目立つようになると三条の市内。五十嵐川を渡ると旧市街地の中心にある東三条へ到着する。新幹線駅の燕三条へは、当駅を起点とする弥彦線で北三条駅を経て4.5キロの距離だ。市街地を出て国道403号とともに東進すれば加茂。当駅からは磐越西線の五泉を村松経由で結ぶ蒲原鉄道が分岐していた。当路線は賀茂～村松間が先行して廃止された後、村松～五泉間が1999年に廃止されて全廃となった。地方鉄道が各地にあった時代、信越本線は中越地方でそれらの路線にとっての幹となっていたのだ。

護摩堂山、高立山の麓を通って新潟地区における鉄道の街新津へ。ホームに停まる羽越本線、磐越西線の列車を横目に北を目指す。信濃川と阿賀野川という二つの大河を結ぶ小阿賀野川を渡り、白新線が分岐する越後石山へ到着。左手に大きく曲がると新潟の構内が見えてくる。直江津から東進して来たはずの列車は、東から西に向かって終点に辿り着く。

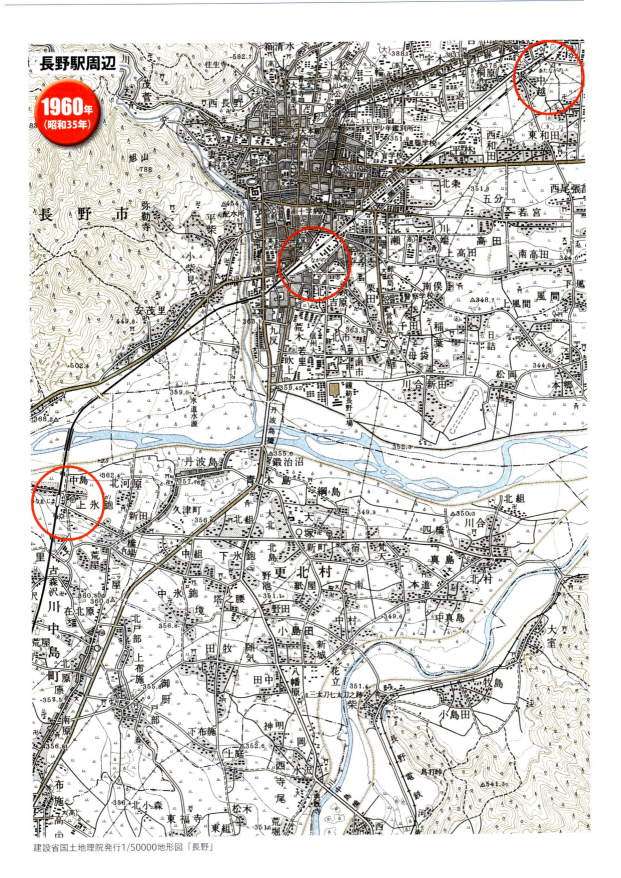

建設省国土地理院発行1/50000地形図「長野」

信越本線の年表

1883（明治16）年8月6日	明治政府により、東京〜京都を結ぶ幹線鉄道として高崎から中山道を経由、大垣に至る路線が内定される。
1884（明治17）年5月1日	日本鉄道の新町〜高崎間が開業し、現在の高崎線が上野から全通する。
1885（明治18）年10月15日	高崎〜横川間が開業する。
1886（明治19）年7月13日	東京と京都を結ぶ幹線鉄道の経路が、中山道から東海道に変更される。
1886（明治19）年8月15日	直江津線の直江津〜関山間が開業する。
1888（明治21）年5月1日	直江津線の関山〜長野間が延伸開業する。
1888（明治21）年8月15日	直江津線の長野〜上田間が延伸開業する。
1888（明治21）年12月1日	直江津線の上田〜軽井沢間が延伸開業し、碓氷馬車鉄道を経由して高崎〜直江津間が鉄道で連絡する。
1889（明治22）年6月	外国人技師ポーナルが、碓氷峠の勾配を最大25‰に抑え、粘着運転によって峠を越える入山地区経由の迂回ルートを提案する。
1889（明治22）年	鉄道局技師の仙石貢（後に鉄道大臣）らが、アプト式で急勾配の鉄道を建設したドイツのハルツ狭軌鉄道を視察。横川〜軽井沢間へのアプト式鉄道の導入を検討。
1893（明治26）年1月23日	ドイツから輸入したアプト式対応の3900形蒸気機関車で、横川〜軽井沢間の試運転を開始する。
1893（明治26）年4月1日	横川〜軽井沢間が開業し、高崎〜直江津間が全通する。これにより碓氷馬車鉄道が廃止される。
1894（明治27）4月	渋沢栄一ほか20人が発起人となり、北越鉄道の設立を出願。直江津〜柏崎〜長岡〜新津〜新発田間の本線と、新津〜沼垂間の支線の建設を計画する。
1895（明治28）年2月23日	線路名称が制定され、高崎〜直江津間を信越線となる。
1897（明治30）年5月13日	北越鉄道の春日新田（後に廃止）〜鉢崎（現・米山）間が開業する。
1897（明治30）年8月1日	北越鉄道の鉢崎〜柏崎間が延伸開業する。
1897（明治30）年11月20日	北越鉄道の柏崎〜北条間、一ノ木戸（現・東三条）〜沼垂間が延伸開業する。
1898（明治31）年6月16日	北越鉄道の一ノ木戸〜長岡間が延伸開業する。
1898（明治31）年12月27日	北越鉄道の北条〜長岡間が延伸開業する。
1899（明治32）年9月5日	北越鉄道の直江津〜春日新田間が延伸開業し、官設鉄道の信越線と接続する。
1904（明治37）年5月3日	北越鉄道の沼垂〜新潟間が延伸開業し、高崎〜新潟間が開通する。
1905（明治35）年8月1日	日本鉄道、官設鉄道、北越鉄道の3者による上野〜新潟間の直通列車が運転開始。
1906（明治39）年11月1日	日本鉄道が国有化される。
1907（明治40）年8月1日	北越鉄道が国有化される。
1909（明治42）年10月12日	高崎〜直江津〜新潟間の線路名称が信越線となる。
1912（明治45）年5月11日	横川〜軽井沢間が電化され、ドイツ製電気機関車10000形（後のEC40形）の使用が開始される。所要時間が30分短縮され45分となる。
1912（大正元）年9月2日	新津〜新発田間の支線が開業する。
1912（大正元）年12月16日	支線の名立〜糸魚川間が延伸開業する。
1914（大正3）年6月1日	線路名称が信越本線に改称。新津〜新発田間の支線が村上線として独立。
1915（大正4）年3月25日	上野〜新潟間で初の急行が運転を開始。同区間の所要時間が14時間に短縮。
1921（大正10）年5月11日	横川〜軽井沢間の全列車が電気機関車牽引に変更される。
1922（大正11）年3月15日	上野〜金沢間の急行が運転を開始する。
1924（大正13）年7月31日	羽越線（現・羽越本線）の新津〜秋田間全通に伴いダイヤ改定。日本海沿いを縦貫する神戸〜青森間の急行が運転開始。

1931（昭和6）年9月1日	上越線の高崎〜宮内間が全通し、上野〜新潟間の最短ルートとなる。
1942（昭和17）年4月1日	朝鮮半島への航路接続のため、新潟港中央埠頭に延びる専用線を買収して沼垂〜新潟港間が延伸開業。
1947（昭和22）年10月1日	上越線の石打〜宮内間の電化に伴って宮内〜長岡間が電化。碓氷峠区間を除いた初の電化区間となる。
1956（昭和31）年4月15日	白新線の新発田〜沼垂間が全通し、長岡方面から新潟駅経由で秋田方面に向かうルートが形成される。
1959（昭和33）年2月1日	横川駅の構内販売業者「おぎのや」が「峠の釜めし」の販売を開始する。
1958（昭和33）年4月29日	新潟駅の移転開業に伴ってルートを変更。亀田〜新潟（新駅）間、白新線大形〜新潟（新駅）間、石山信号場、新潟操車場間が開業。
1961（昭和36）年10月1日	大阪〜直江津〜上野・青森間の気動車特急「白鳥」が運転を開始する。
1962（昭和37）年6月10日	上野〜新潟間（上越線経由）の電車特急「とき」が運転を開始する。
1962（昭和37）年7月15日	高崎〜横川間が電化される。
1963（昭和38）年6月21日	軽井沢〜長野間が電化され、高崎〜長野間の電化が完成する。
1963（昭和38）年7月15日	横川〜軽井沢間で粘着運転方式による新線の運転を開始する。
1963（昭和38）年10月1日	横川〜軽井沢間のアプト式による旧線を廃止。全列車を新線走行の粘着運転に切り替え。糸魚川〜新潟間の準急「ひめかわ」、新井〜新潟間の準急「くびき」が運転を開始。
1965（昭和40）年10月1日	大阪〜上野・青森間の気動車特急「白鳥」のうち、大阪〜上野間運転の編成が独立し、上野〜金沢間の気動車特急「はくたか」となる。
1966（昭和41）年8月24日	長野〜直江津間が電化される。
1966（昭和41）年10月1日	上野〜長野間で電車特急「あさま」が運転を開始する。
1969（昭和44）年8月24日	直江津〜宮内間の電化により、高崎〜新潟全線の電化が完成する。
1969（昭和44）年10月1日	上野〜金沢間の気動車特急「はくたか」が上越線経由に変更され電車化。
1972（昭和47）年3月15日	上野〜金沢間（長野経由）で特急「白山」が運転を開始する。
1972（昭和47）年6月29日	東京と大阪を結ぶ北陸新幹線の基本計画が決定される。
1975（昭和50）年7月	189系電車が特急「あさま」に投入される。
1982（昭和57）年11月15日	上越新幹線開業に伴い、上野〜直江津間の急行「妙高」の昼行を特急「あさま」に格上げして統合。上野〜湯田中間の急行「志賀」廃止で長野電鉄への乗り入れが終了する。
1987（昭和62）年4月1日	国鉄分割民営化によりJR東日本とJR貨物が信越本線を継承。
1988（昭和63）年8月11日	運輸省が整備新幹線の暫定整備計画案を公表。北陸新幹線の高崎〜軽井沢間が標準軌新線（フル規格）として建設決定される。
1996（平成8）年5月1日	軽井沢〜篠ノ井間の運営を引き継ぐ第三セクター「しなの鉄道」が設立される。
1997（平成9）年3月22日	北越急行ほくほく線の開業に伴い、直江津〜犀潟間に北越急行の列車が乗り入れを開始。上越新幹線に連絡して越後湯沢〜北陸方面をほくほく線経由で結ぶ特急「はくたか」が運転開始。金沢〜長岡間の特急「かがやき」が廃止される。
1997（平成9）年10月1日	北陸（長野）新幹線高崎〜長野間が開業。これにより横川〜軽井沢間が廃止。軽井沢〜篠ノ井間の運営をしなの鉄道に移管される。特急「あさま」「白山」を廃止し、「あさま」は北陸（長野）新幹線の愛称となる。
2002（平成14）年6月1日	（貨）焼島〜（貨）東新潟港間が休止。
2015（平成27）年3月14日	北陸新幹線長野〜金沢間の開業により脇野田駅が上越妙高駅に改称し、同時に北陸新幹線所属に変更。長野〜妙高高原がしなの鉄道に移管され北しなの線に、妙高高原〜直江津間がえちごトキめき鉄道に移管、妙高はねうまラインに。

出入口付近まで延長された深い屋根が個性的な木造駅舎時代の群馬八幡。駅前を手入れの行き届いた植え込みが飾る。例年1月6～7日にかけてだるま市が開催される少林山達磨寺の最寄り駅である。◎1982（昭和57）年7月　撮影：安田就視

安中駅付近を行く特急「あさま」。高崎〜横川間にある安中市の鉄道玄関口である当駅には上下2本ずつの「あさま」が停車した。ホーム2面3線の小ぢんまりとした構内だが、画面右手には貨物列車等が発着する側線が並ぶ。◎1983(昭和58)年4月24日 撮影:安田就視

近年まで渋い雰囲気の木造駅舎が健在だった磯部駅。建物の出入り口は2か所ある。在来線に優等列車が運転されていた時代には、特急「あさま」が1日に上下3本停車した。◎1982(昭和57)年7月 撮影:安田就視

民営化後は高崎がJR東日本に所属するD51 498号機の拠点となった。横川が終点となった信越本線では、下り列車のみを蒸気機関車が牽引する観光列車が運転されるようになった。群馬八幡〜安中間で碓井川を渡る。◎2000（平成12）年5月23日　撮影：安田就視

『長野県史』より

鉄道敷設の開始

　明治2年（1869）に、東西両京を結ぶ鉄道幹線建設をきめた政府は、翌年東海道・中山道のいずれをとるか調査をはじめ、中山道経由を妥当とする意見が有力になり、9年に予定線を発表した。それによると中山道鉄道は、東京－高崎間、高崎－松本間、松本－加納（岐阜県岐阜市）間の3区間にわけて敷設する計画であった。

　16年10月、政府は中山道鉄道建設、中山道鉄道公債2000万円（7分利付き）の発行をきめ、12月公債募集を告示、17年に大垣（岐阜県大垣市）－加納間、高崎－横川（群馬県松井田町）間を着工した。ところが中山道鉄道は、工事がすすむにつれて、中央山岳部を短期間に全通する見とおしが暗くなり、19年7月の閣議で敷設計画は廃止ときまり、必要工費も所要時間もすくなくてすむ東海道線に変更となった。

　これにさきだち14年9月、長野中牛馬会社の中沢与左衛門らは信越鉄道の敷設計画をおこし、翌年9月創立総会を開いた。17年1月には長野・新潟両県と東京府における発起人は520人にたっし、資金も90万円をこえた。そこで同年4月信越鉄道会社創立発起人総会を開き、中沢ら8人が願人総代となって、長野・新潟両県に、上田－直江津－新潟間、資本金550万円の会社創立を出願した。しかし政府は、この路線は中山道鉄道と日本海の港を結ぶ重要線なので、官設と心得るよう指示し、信越鉄道敷設計画は却下になった。

　10月に工部省鉄道局長は、中山道鉄道の資材輸送線として、上田－直江津間の鉄道を建設すべきむねを上申した。18年に工部卿は、太政大臣に上田－直江津間の鉄道は私設不可であることを上申し、早期着工の許可をもとめた。3月認

碓氷峠に挑む　（絵葉書提供・文　生田　誠）

碓氷第三橋梁　1893（明治26）年に完成した、碓氷川にかかる碓氷第三橋梁。碓氷峠の代表的な建造物として、「めがね橋」の通称で親しまれてきた。1963（昭和38）年に廃止された後、1993（平成5）年に「碓氷峠鉄道施設」として、国の重要文化財に指定された。現在は遊歩道「アプトの道」として整備されて、観光客にも人気となっている。

可をえて5月から路線測量を開始し、7月、直江津に鉄道局出張所をおき、荒川河口の建設資材陸揚地から鉄道工事がはじまった。

中山道鉄道の計画変更で、直江津線は東京と北陸を結ぶ鉄道としてにわかに重要性を増した。関山(新潟県妙高村)－浅野(上水内郡豊野町)間は難工事で、事故による犠牲者16人、コレラ病死者63人をだしたが、19年8月には直江津－関山間、21年5月に長野、8月に上田までのび、12月1日直江津－軽井沢間148.3キロメートルが全通した。この間停車場17駅、列車運行回数1日3回、直江津－軽井沢間の乗車賃1円20銭であった。

18年10月に開通していた高崎－横川間の官有鉄道と軽井沢停車場との連絡は、馬車鉄道をもっておこなうことになった。すでに馬車鉄道敷設の許可をえていた高崎中牛馬会社の高瀬四郎らは、21年1月群馬・長野両県に、県境から軽井沢停車場までの馬車鉄道延長願をだした。長野県がわは信濃中牛馬会社の中沢与左衛門が協力して出願、共同で碓氷馬車鉄道会社を設立し、碓氷トンネルの資材を輸送するとともに旅客の便をはかった。

いっぽう、17年から測量をはじめていた横川－軽井沢間は、和美・入山・中尾の3線のうち国道ぞいの中尾線にきまった。24年2月に着工し、全線11.3キロメートルのうち8キロメートルが15分の1勾配区間であるため、アプト式軌道を採用し、26ヵ所、4.5キロメートルにおよぶトンネルと18ヵ所の鉄橋をつくり、26年3月完成、4月1日から営業運転を開始した。なお、信越線と改称されたのは28年のことである。

鉄道の開通は時間と距離を大はばに短縮し(長野－東京間徒歩6日が汽車11時間20分)、駄馬や荷車より運賃が安くなり輸送量を増大させ、商品流通を大きく変えた。はじめて県内に鮮魚が移入されるようになり、塩の移入路が全面的に変わった。また碓氷トンネル開通後は、砂糖・鉄類・醤油・綿糸・白木綿・洋品・洋酒・石油・マッチ・干菓子・小間物などが東京から移入できるようになった。

アプト式電気機関車　碓氷峠を通過してゆく、アプト式電気機関車が牽引する信越本線の列車。奥に碓氷第三橋梁(現・アプトの道)が見える。先頭を走る国鉄10000形電気機関車(EC40形)は、鉄道院時代の1912(明治45)年にドイツなどから輸入され、碓氷峠越えに使用されていた。大正期の風景。

碓氷峠　碓氷峠は群馬県安中市と長野県軽井沢町の間にある標高960メートルの峠で、関東と信越を結ぶ重要なルートであったが、旅人には険しい難所としても有名であった。鉄道の建設の際にも輸送のボトルネックになっていたが、アプト式のレール、車両などを利用することで克服されていった。北陸新幹線は、北側の碓氷峠トンネルを通過している。

軽井沢駅　自転車に乗った男性や、パラソル(日傘)を差した洋装の女性が見える軽井沢駅の駅前風景。この旧駅舎は1997(平成9)年に取り壊されたものの、窓枠などの一部が移築されて、3年後(2000年)に旧軽井沢駅舎記念館として復元されていた。2017(平成29)年、しなの鉄道の駅舎として再現され、旧駅口が誕生した。

アプト式蒸気機関車　イギリスから輸入された国鉄3950形蒸気機関車の増備として、1906(明治39)年から1909(明治42)年にかけて、汽車製造で6両が製造された国鉄3980形蒸気機関車。鉄道作業局時代の「513」の番号が見えるが、鉄道院時代には「3981」と改番された。明治後期の絵葉書である。

西松井田〜松井田間で碓井川を渡る特急「あさま」。背景には日本三大奇景の一つに数えられる妙義山がそびえる。麓には霧が立ち込め、より神秘的な景観となっている。川岸部分には歴史を感じさせるレンガ積みの橋脚が残る。
◎1990（平成2）年10月12日　撮影：安田就視

3章 信越本線

横川〜軽井沢間のアプト式鉄道区間を行くED42。1934(昭和9)年から第二次世界大戦後の1948(昭和23)年まで28両が製造された。EC40形等、黎明期の機関車を置き換え、旧線の廃止まで碓氷峠で補機を務めた。傍らでは翌年の開業に向けて新線の建設工事が進む。◎1962(昭和37)年 撮影：朝日新聞社

アプト式鉄道時代の横川～軽井沢間で、ラックレールに対応する車両が行き交ったレンガ橋。新線に切り替わった後も、ヨコカルを象徴する構造物の一つである。アーチ越しに見える新線区間を181系の特急「あさま」が通過して行った。◎1973（昭和48）年5月19日　撮影：安田就視

3章 信越本線

横川〜軽井沢間がアプト式から一般的な粘着鉄道に切り替えられた際、複線化等に伴って路線の一部は新線に切り替えられた。大きなレンガ橋が建つ沢の北側には、上下線別のコンクリート橋梁が建設された。
◎1990（平成2）年10月29日　撮影：安田就視

横川駅のホームより横川〜軽井沢間を越える補機の基地だった横川機関区を見る。画面奥には天井の高い車庫が建つ。専用機のEF63は二両一組で運用され、上下列車ともに横川方に連結されていた。◎1982（昭和57）年7月　撮影：安田就視

信越本線横川〜軽井沢間の丸山付近を行く169系の普通列車。3両編成の列車に2両のEF63が補機として付く。画面左手奥にはアプト式鉄道時代に変電所施設として使われたレンガ造りの建物が見える。晴天の下で新緑が眩い。

3章 信越本線

雪の日の横川駅。駅舎の出入り口側に上屋等が増築されていた頃の姿だ。中身の木造駅舎は現在も使用されており、2011（平成23）年の群馬デスティネーションキャンペーン時にリニューアル工事が施工された。◎撮影：山田虎雄

横川の名物駅弁はおぎのやの「峠の釜めし」。ホームに立ち売りが出て、補機を連結、開放する僅かな停車時間で乗客に対応した。ワゴンには保温用のキルティング布が掛かる。売り子は発車する列車を脱帽の上、深いお辞儀で送った。◎1995（平成7）年11月7日　撮影：安田就視

横川〜軽井沢間の変遷

帝国陸軍参謀本部陸地測量部発行1/50000地形図「軽井沢」「御代田」

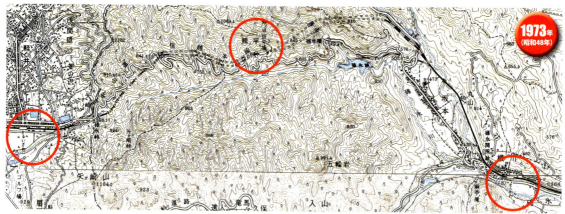

建設省国土地理院発行1/50000地形図「軽井沢」「御代田」

沿線に残るアプト時代の痕跡

1963(昭和38)年まで通常の線路の間に、専用車両に設置された歯車と噛み合わせる第三軌条を敷いたアプト式鉄道で運転していた横川〜軽井沢間。ED42が前3両、後補機1両の編成で、客貨車をゆっくりとした速度で押し上げていた。粘着運転への転換でラックレールは路線上から姿を消した。

しかし、それらの一部は駅周辺や沿線に現在も姿を留めている。横川駅前に設置された排水溝の蓋として再利用されたものは、歯車の形をしたレールが横にいくつも並ぶ。斜光に照らし出され、強い陰影が付いた様子は思いがけない造形となっている。また、廃止区間の沿線では、柵等に使われているものがある。横川駅前には、ラックレールを噛む歯車を備えた車輪が展示されている。アプト式鉄道時代の主力だったED42は1号機が横川駅に隣接する碓氷峠鉄道文化むらに。2号機が軽井沢町内の小学校に静態保存されている。

碓氷峠鉄道文化むらで保存されているED42。

軽井沢町内を横切る国道18号にほど近い構内の北側に地上駅舎があった、旧国鉄時代の中軽井沢駅。駅の開業は上田～中軽井沢間が官設鉄道として開業した後の1910（明治43）年。当初の駅名は沓掛。1956（昭和31）年に現駅名へ改称した。◎撮影：山田虎雄

白壁の洋風建築だった旧軽井沢駅舎。駅前にはゴルフ場やレンタカーの看板が見える。かつて高官や外国人等に愛された避暑地は1970年代に入り、リゾート地として広く知られた存在となっていた。◎撮影：山田虎雄

青空の下、背景を僅かばかり冠雪した浅間山が飾る中軽井沢〜軽井沢間を行くのは特急「白山」。金沢運転所(現・金沢総合車両所)所属の489系は、民営化後に独自の塗色に改装された。特急運用のほか、急行「能登」等にも充当された。◎1980(昭和55)年10月29日　撮影：安田就視

1970年代までは信越本線にも白昼、客車で仕立てた普通列車が運転されていた。旧型客車を牽引するのはEF62。碓氷峠を含む信越本線全区間を通して走る機関車として登場した。冬枯れの信濃追分〜御代田間に響くモーターの唸りが勇ましい。◎1978(昭和53)年2月16日　撮影：安田就視

3章 信越本線

寒さは厳しいものの、乾いた風が吹き込み易い浅間山麓に雪が積もる機会は少ない。凍て付いた雪が残る信濃追分〜御代田間を165系の急行「妙高」が行く。信越本線の昼行急行は1982（昭和57）年11月15日の改正で特急「あさま」に格上げされた。◎1978（昭和53）年2月16日 撮影：安田就視

3章 信越本線

小諸～平原間で小海線と離れる特急「あさま」。小諸から信越本線と並行して来た単線の非電化路線が大きな曲線を描く。鉄道を跨ぐ道路の下辺りに小海線の乙女駅がある。画面左手に道路から駅構内へ下りる階段が見える。◎1990（平成2）年10月28日　撮影：安田就視

日陰に雪が残る小諸〜平原間を行く115系。民営化後に長野地区の電車に施工された地域色を纏う車両だ。しかし、正面扉等にはしなの鉄道のステッカーが貼られ、JRの所属ではなく、しなの鉄道の車両であることを示している。◎1999(平成11)年2月　撮影：安田就視

3章 信越本線

小諸駅は地域の主要都市である小諸市の街中にある。やや個性的な形状の駅舎は今も健在。但し、旧国鉄時代にはローマ字表記であった壁面の駅名には漢字が併記され、現所有社であるしなの鉄道のマークが付されている。◎撮影：山田虎雄

雨に濡れる小諸駅前。駅舎内ではレスト喫茶あさまが営業中だ。駅前のタクシーが留め置かれている右手側に小さな植え込みがある。市民憲章を彫った銅版が石に埋め込まれたモニュメントや、「希望」と題された銅像が飾られている。◎1982（昭和57）年7月28日　撮影：安田就視

小諸付近を行く189系の特急「あさま」。在来信越本線が特急街道であった時代、小諸には全ての優等列車が停車した。当駅は中央本線小淵沢から延びる小海線の終点でもある。構内には発車を待つキハ52の姿が見える。◎1990（平成２）年10月28日　撮影：安田就視

3章 信越本線

千曲川と国道18号に挟まれた街中に建つ田中駅付近を行く特急「あさま」。座席等をグレードアップした更新車両が充当されている。民営化から3年余りを経て、旧国鉄の面影は姿を減らしつつあった。◎1990(平成2)年10月28日　撮影：安田就視

総人口15万余りを数える市の玄関口としてはやや小振りな印象の駅舎が建つ北陸新幹線開業前の上田駅。駅前にはチェーン店のホテルが建つ。広場にはタクシーが並び、市外からの利用客が多い駅であることを窺わせる。◎撮影：山田虎雄

高崎線・上越線・信越本線の時刻表(1961年11月1日訂補)

信越本線の時刻表(1962年3月1日訂補)

1961(昭和36)年11月1日訂補の高崎線から上越線、信越本線へ跨る時刻表午後の部。当時の優等列車は急行が主力だった。客車で編成された列車が未だいくつか見られる。いずれの列車も上野〜長岡間を4時間以上かけて走っていた。
1962(昭和37)年3月1日訂補の信越本線時刻表には上野発直江津経由大阪行きの特急「白鳥」が掲載されている。同列車は1961年10月1日に運転を開始した。経路に非電化区間が多かった登場時はキハ82系気動車で運転した。上野発の優等列車では急行「志賀」、特急名となる以前の急行「白山」が「白鳥」の前後脇を固める。

篠ノ井駅前に置かれた恐竜像。駅の西側にある長野市茶臼山恐竜公園に因んだオブジェである。同施設は地滑り跡地に建設され、荒涼とした景色に相応しい展示物として恐竜等の古代生物が選ばれた。◎1982（昭和57）年7月29日　撮影：安田就視

3章　信越本線

篠ノ井～屋代間で千曲川を渡る。上部トラス橋を轟音と共に渡って行く貨物列車は、坂城まで運転されるタンカートレインである。同駅間では屋代高校前駅がしなの鉄道へ転換後の2001（平成13）年に開業した。
◎1990（平成2）年10月28日　撮影：安田就視

途中に車両工場がある長野～北長野間を行く単行のキハ52。北長野運転所（現・長野車両センター）所属の車両は飯山線の列車に充当されていた。車体側面に記された「VOITURE　AMITIE」はフランス語で「友情の列車」という意味。◎1990（平成2）10月26日　撮影：安田就視

3章 信越本線

夏空の下の長野駅構内。留置された客車の中には二重屋根の古参車も混じる。構内を横切るのは跨線橋ではなく荷物等を運ぶテルハ。駅の周辺には住宅が集まり、北東部に田園が広がる未だ長閑な光景だ。
◎1952(昭和27)年11月27日　撮影:朝日新聞社

駅周辺の開発が進んだ長野駅界隈を西側上空から望む。駅前から国道19号へ至る2本の通り沿いに高いビルが建ち並ぶ。その二方で画面中央部には、昔ながらの住宅街が残る。仏閣型の駅舎は健在ながら、駅前のビル群と隔絶されたかのような雰囲気だ。◎1983（昭和58）年11月19日　撮影：朝日新聞社

3章 信越本線

荘厳な雰囲気を湛える仏閣型の駅舎があった長野駅。1936（昭和11）年に竣工した。同時に善光寺所有の如是姫像が駅前に移転し式典が執り行われた。如是姫像は第二次世界大戦下の資材不足に伴って供出されたが1948（昭和23）年に再建された。
◎1990（平成2）年10月26日　撮影：安田就視

長野駅付近を行く165系の普通列車。信越本線の急行列車は民営化後も「赤倉」等が僅かに存続していたが、多くは特急への統合、廃止等で姿を消していた。定期運用を失った急行型車両は、信越本線、篠ノ井線等の普通列車に転用された。
◎1990（平成2）年10月26日　撮影：安田就視

北長野〜三才間を行くDD16牽引の工事列車。バラストを積載していたと思しきホッパ車の中身は空で、飯山線での散布作業を終えて長野へ帰る途中のようだ。貨物列車の縮小で定期運用が無かった小型ディーゼル機関車の貴重な仕事である。◎1990(平成2)年10月26日　撮影：安田就視

スカ色塗装の70系普通列車が沿線の多くが雪に被われた牟礼〜古間間を行く。前面が湘南窓の3扉電車は、1970年代まで信越本線で活躍した。寒気の吹き出しで白味を帯びた空の下、背後には二層の稜線を覗かせる黒姫山が姿を見せていた。◎1977(昭和52)年3月 撮影:安田就視

3章　信越本線

早苗が薫風にそよぐ初夏の黒姫〜古間間を行く特急「あさま」。ヨンサントオの白紙ダイヤ改正以降、1往復を直江津まで延長運転していた。緑に包まれた景色の中に国鉄特急色が浮かび上がった。◎1983(昭和58)年5月28日 撮影：安田就視

緑に包まれた妙高高原〜黒姫間を特急「白山」が駆け抜けた。国鉄特急色にJNRマークを着けた姿は旧国鉄時代の撮影だ。背景の峰は飯綱山。北信五岳の中では最も南にあり、牟礼駅がある飯綱町の西方にそびえる。◎撮影：安田就視

3章 信越本線

黒姫～妙高高原間の普通列車。荷物車、郵便荷物電車を連結している。高い日差しが車内を暑くしたためか、先頭車の運転室横に設置された乗務員用扉は開け放たれている。旧国鉄時代のおおらかさを見て取れる一コマだ。◎1983（昭和58）年5月28日　撮影：安田就視

高原地帯である黒姫山麓は夏合宿に好適だ。黒姫駅前にはたくさんの荷物が置かれ、制服姿の学生が集っていた。凝った造りの屋根が被さる歴史ある雰囲気の駅舎が、遠来の客を見守るかのように建っていた。◎1982(昭和57)年7月29日　撮影：安田就視

行楽客で賑わう夏の妙高高原駅。駅舎の画面左手は観光案内所として使われている。冬季はスキー。夏には緑豊かな高原リゾート地の玄関口となっていた当駅には、在来線で運転していた全ての優等列車が停車した。◎撮影：山田虎雄

北新井～脇野田（現・上越妙高）間で矢代川を渡る特急「白山」。民営化から4年余りを経た頃の撮影で、489系は白地に赤、青の帯を巻く独自の塗装に塗り替えられている。背景に中越、上越地方の境にそびえる米山(標高992.5メートル)が見える。◎1990(平成2)年10月23日　撮影：安田就視

ご当地で開催される祭りを盛り上げるためか、軒下にはたくさんの小さな飾りが下げられているかつての直江津駅舎。手書きと思しき旅行センターの看板等、雑然とした中にも人の温もりを感じさせる駅前風景である。◎1982(昭和57)年7月29日　撮影：安田就視

冬の柔らかい日差しが差し込む直江津構内に、タンク車を率いて停車する電気機関車はEF62。客貨の牽引に活躍した信越本線の専用機は、1980年代に入ると客車列車の電車化が進む中で、貨物列車運用の担当が主体となっていた。◎1986(昭和61)年12月　撮影：安田就視

3章　信越本線

貨物駅に積まれたコンテナが目を惹く黒井駅付近を走る485系の特急「かがやき」。特急「北越」の速達版として1988(昭和63)年に設定された。
運転区間は金沢〜長岡で、普通車のみの編成ながら座席は全て指定だった。◎1990(平成2)年10月22日　撮影：安田就視

架線柱の影が線路上に長く伸びる早朝の青海川〜鯨波間を行くEF81牽引の貨物列車。直江津〜長岡間には長野、富山、上越線方面からの列車が乗り入れる。客貨列車の牽引機はEF62をはじめEF58や81等、多彩な顔ぶれだった。
◎1982（昭和57）年7月23日　撮影：安田就視

3章 信越本線

海辺の小駅笠島。曲線を描くホームは幅が狭く、仮乗降場として開業した素性を窺わせる。駅構内に接する砂浜は、埋め立て等により防波堤、港が整備されつつある様子。現在は空き地部分に市場の上屋が建つ。◎1990(平成2)年10月
撮影：安田就視

柏崎～鯨波間で柏崎駅構内に入る特急「北越」。485系のボンネット車が大型のヘッドサインを掲出する。民営化以降、上沼垂電車区(現・新潟車両センター)所属の車両は独自色への塗装変更が進み、原色車は貴重な存在になっていった。◎柏崎～鯨波　特急「北越」　1990年10月12日　撮影：安田就視

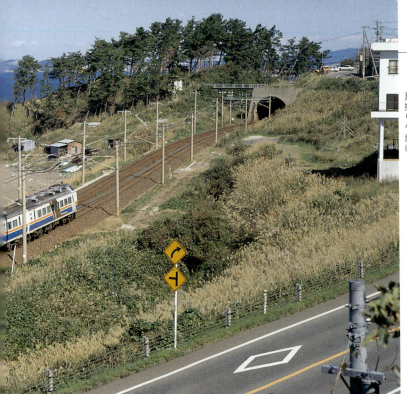

3章　信越本線

夏には海水浴客で賑わった鯨波海岸はススキが揺れ、秋の気配を感じさせる情景の中でひっそりとしている。鯨波〜青海川間を特急「かがやき」が俊足を飛ばして行った。車体を飾る斜めの帯は金沢伝統工芸、金箔に因んだもの。
◎1990（平成2）年10月22日　撮影：安田就視

地方幹線の拠点駅等でよく見られる設えの柏崎駅舎。2階建てコンクリート造の建物は1967（昭和42）年に竣工した。屋根部等が塗り替えられて見た目の印象は異なるものの、現在も現役施設として姿を留めている。◎1982（昭和57）年7月23日　撮影：安田就視

北陸自動車道が信越本線を跨ぐ茨目〜安田間を行く急行「きたぐに」。かつては日本海縦貫路線を走破して、大阪〜青森間を結んでいた夜行列車は運転区間を大阪〜新潟間に縮小。特急用の583系が投入された。◎1990（平成2）年10月22日　撮影：安田就視

3章　信越本線

ホームから夕陽の絶景を望む

直江津から柏崎に至る日本海沿いの区間で、青海川駅はホームが海岸部にまで張り出したまさに海辺の駅である。紫紺の海原を背景にして狭いホームの上に駅名票が立つ情景は、周辺の厳しい環境を象徴している。西側には水平線がなだらかな弧を描き、入日刻ともなれば海原は紅に染まる。そうした美しい情景が人気を呼び、テレビドラマ等の舞台に度々登場してきた。ドラマロケ地等の聖地巡礼として、ここを訪れる旅人も多い。

駅構内は海岸部に急峻な山の斜面が落ち込む険しい場所にある。そうした立地が災いしてか、2007（平成19）年7月16日に起こった新潟中越沖地震では周囲の法面が崩落し、ホームや線路が土砂に埋まる等の被害を受けた。被災後は懸命の復旧工事が行われ、被災した鉄路で最後まで不通となっていた、当駅を含む柿崎～柏崎間が同年9月13日に運転を再開した。損傷が酷かった駅舎は、翌年に建て替えられた。

越後広田～長鳥間の山間部を行くEF81牽引の貨物列車。直流、交流区間が混在する北陸路では交直流両用の電気機関車が重宝された。旧国鉄時代の末期より、信越本線を含む日本海側の幹線で主役の座に就いた。◎1990（平成2）年10月22日　撮影：安田就視

長鳥～塚山間を行く特急「北越」。車両は従来の485系に大幅な更新化改造を施した3000番台車だ。ライト周りの形状変更や列車表示器のLED化等で印象は大きく変わった。また、車内もより快適な仕様に改められている。◎1991(平成3)年5月3日　撮影:安田就視

ススキが穂を輝かせる初秋の塚山～長鳥間に国鉄特急色が映えた。民営化後も特急列車の主力として活躍を続けた485系。1990年代には更新化改造や地域色への塗装変更を受ける車両が増え、原形を留める車両は徐々に減少していった。◎1990(平成2)年10月　撮影:安田就視

前川～来迎寺間で信濃川を渡る115系の普通列車。上部トラスが連なる橋梁で、前川方の上り線で陸地に掛かる部分のみがプレートガターになっている。同区間は1970（昭和45）年に複線化された。橋脚の形状は下り線側が新しい。◎1984（昭和59）年11月　撮影：安田就視

上越線が合流する宮内駅付近。柏崎方面へ向かう信越本線の列車が通り過ぎて行った。信越本線を跨ぐ上越線の線路は下り線だ。上り線は画面の左手にあり、上越線と並行して宮内の構内へ入って行く。◎1990（平成2）年10月17日　撮影：安田就視

上越新幹線の建設工事が進む中で、長岡の駅機能が入ったビルは1980(昭和55)年に竣工した。当初、商業施設部分には「セゾン・ド・ナガオカ(SAISON)」が主体となって出店。新潟県では初の駅ビルとなった。◎1982(昭和57)年7月23日　撮影：安田就視

3章　信越本線

長岡駅前から西へ続く大通りは、かつての城下町らしい名前の大手通り。大手大橋で信濃川を渡り、陸上競技場や運動公園等がある長岡市の郊外部まで延びている。昭和末期の沿道に超高層建築物は見当たらず、北国の空は高く澄んで見える。◎1982（昭和57）年7月23日　撮影：安田就視

家族連れで賑わう見附駅。壁面には手書きで作成された団体旅行客を募る横断幕、看板が掛かっている。大阪万博への旅行を勧める幕には、「涼しい車、特急と寝台」なる誘い文句が躍り、快適な鉄道の旅を宣伝していた。◎撮影：山田虎雄

旧高田市の鉄道玄関口は高田駅。夏休み期間中なのか、駅舎内は子どもや女性で混雑している様子だ。そんな状況を見越してか、出入り口付近の立て看板には増発される臨時列車の利用を促す件が書かれていた。◎撮影：山田虎雄

越後平野の冬景色を象徴するかのような低い雲が立ち込めた朝、東三条〜保内の雪路を583系の急行「きたぐに」が足早に駆けて行った。急行運用に就いた当初は原色の寝台電車色だった塗装は、二度にわたって専用色に塗り替えられた。

新潟県加茂市の中心街近くにある加茂駅。東口側にはコンクリート造の長細い駅舎が建つ。西口側には蒲原鉄道の乗り場が、当駅〜村松間の廃止された1985（昭和60）年まであった。旧蒲原鉄道の駅舎は現在もJRの駅舎として活用されている。◎撮影：山田虎雄

押切〜見附間を行く115系の普通列車。線路際を飾るのは、はざ木の並木。稲の収穫期には木の間に竿を渡して稲穂を天日干しにする。越後地方では風物詩的な情景だった。近年では機械乾燥が主流で、鉄道沿線ではざ木を見掛ける機会は減った。◎1994（平成6）年5月6日　撮影：安田就視

3章 信越本線

1,000キロメートル以上におよぶ大阪〜青森間を走破していた昼行特急の「白鳥」。北長岡〜押切間の田園地帯に姿を現した。下り列車は夕刻。上り列車は正午前に水田が広がる越後平野を走り抜けて行った。◎1990（平成2）年10月17日　撮影：安田就視

刈谷田川を渡り早朝の押切〜見附間を行く寝台特急「つるぎ」。大阪〜新潟間を結ぶ夜行列車だった。上下列車ともに夜間発で翌朝到着の運転時刻が設定されていたので、陽光下でその姿を捉えられる機会は多くなかった。◎1994（平成6）年5月6日　撮影：安田就視

和やかな雰囲気が漂う春の見附〜帯織間を行く特急「雷鳥」。上沼垂色の485系ボンネット車が充当されていた。1978(昭和53)年10月2日のダイヤ改正で大阪発着の特急「北越」2往復が編入され、新潟発着便の「雷鳥」が誕生した。◎1994(平成6)年5月6日　撮影：安田就視

三条～東三条間で三条市内を流れる五十嵐川を渡る特急「北越」。三条市や加茂市等、市街地に新幹線駅が無い中越地方の鉄道利用客にとって、街の玄関駅から乗り換えずに金沢方面へ向かうことができる利便性の高い列車だった。◎1990（平成2）年10月18日　撮影：安田就視

形良く剪定された松の木が植わる羽生田駅のホーム。木製の駅名票とともに日本情緒が漂う。運転本数を減らしつつあった旧型客車を用いた普通列車は1982（昭和57）年11月15日のダイヤ改正まで、信越本線沿線で見ることができた。◎1982（昭和62）年7月22日　撮影：安田就視

線路にまで雪が積もった新津駅。3番線に115系の普通列車が停まる。大正時代より車両基地が置かれ、鉄道の街として発展を遂げた駅の構内はホーム3面5線を持ち、ゆったりとした雰囲気が漂う。◎1999(平成11)年2月21日　撮影：安田就視

3章 信越本線

水ぬるむ田に影を落として古津〜矢代田間を行く特急「北越」。加茂より護摩堂山から延びる稜線が続く山麓をなぞって北上して来た列車は、新津が近づくにつれて東側の車窓展望が開け、広々とした田園の中を進む。◎1991(平成3)年5月5日 撮影:安田就視

越後石山付近を行く特急「北越」。在来線の背後に新潟新幹線第一運転所(現・新潟新幹線車両センター)へ続く上越新幹線の高架橋が延びる。「北越」は北陸の三大都市である新潟、富山、金沢を結んでいた。◎1990(平成2)年10月19日 撮影:安田就視

新津駅の4番線に70系が停まった。冬には豪雪地帯を行く湘南顔の電車は、足元にスノープラウを装着していた。ホーム上屋にも雪対策の装備が見える。隣のホームでは磐越西線へ向かう気動車が、人待ち顔で停車していた。◎撮影：山田虎雄

1928（昭和3）年に竣工の2代目新津駅舎。壁面にテラコッタ風の装飾をあしらったモダンな設えの建物だった。雪国の施設らしく屋根は傾斜の強い鉄材葺き。大柄な姿には鉄道の街に相応しい重厚感が漂っていた。◎撮影：山田虎雄

3章 信越本線

地元の祭り開催を告げる提灯が、出入り口付近に下げられた木造駅舎時代の亀田駅。1928(昭和3)年の竣工で構内の西口側に建っていた。従来、当駅の出入り口は駅舎のみにあったが、駅周辺の宅地開発に伴い、1999(平成11)年に構内東側にも駅舎が建てられた。◎撮影：山田虎雄

例年8月に開催される「新潟まつり」の幟が駅前を飾る新潟駅の万代口。駅名が書かれた看板の下には「新幹線生かして栄える新潟県」とキャッチフレーズを記した横断幕が掛けられ、上越新幹線の有用性を宣伝している。◎撮影：山田虎雄

新潟駅付近の上空より、信濃川に架かる萬代橋方面を望む。駅前より上下8車線の大通りが延びている。新潟の駅舎が、通りの延伸を阻む壁のようにも映る。画面中央部の奥は交差点で、国道7号を含む五差路となっている。◎1972(昭和47)年5月27日 撮影：朝日新聞社

切妻屋根の建物から、出入り口付近に被さる上屋が出ている二代目の新潟駅舎。1935(昭和10)年に竣工した。第二次世界大戦後に引揚者や買い出し客で利用が急増し、手狭になっていた当駅は1958(昭和33)年に現所在地へ移転した。◎1955(昭和30)年6月　撮影:朝日新聞社

新潟駅周辺

1965年（昭和40年）

建設省国土地理院発行1/50000地形図「新潟」

新潟駅の万代口を俯瞰する。壁面に同じ形の窓が整然と並ぶ駅舎は、増築等の工事が1963(昭和38)年に竣工した。駅前には車寄せや駐車場が整備されている。路線バスが停車するタクシーの間隙を縫って、ロータリーをゆっくりと走る。◎1986(昭和61)年6月 撮影：安田就視

牧野和人（まきの かずと）

1962（昭和37）年、三重県生まれ。写真家。京都工芸繊維大学卒。幼少期より鉄道の撮影に親しむ。平成13年より生業として写真撮影、執筆業に取り組み、撮影会講師等を務める。企業広告、カレンダー、時刻表、旅行誌、趣味誌等に作品を多数発表。臨場感溢れる絵づくりをもっとうに四季の移ろいを求めて全国各地へ出向いている。

【写真】安田就視（やすだ なるみ）

1931（昭和6）年2月、香川県生まれ、写真家。日本画家の父につき、日本画や漫画を習う。高松市で漆器の蒔絵を描き、彫刻を習う。その後、カメラマンになり大自然の風景に魅せられ、北海道から九州まで全国各地の旅を続ける。蒸気機関車をはじめとする消えゆく昭和の鉄道風景をオールカラーで撮影。

【絵葉書提供・文】
生田 誠

【古地図、時刻表所蔵】
国立国会図書館

高崎線、上越線、信越本線
1960年代～90年代の思い出アルバム

発行日……………2019年1月5日 第1刷　　※定価はカバーに表示してあります。

著者………………牧野和人
発行者……………春日俊一
発行所……………株式会社アルファベータブックス
　　　　　　〒102-0072　東京都千代田区飯田橋 2-14-5 定谷ビル
　　　　　　TEL. 03-3239-1850　FAX.03-3239-1851
　　　　　　http://ab-books.hondana.jp/

編集協力……………株式会社フォト・パブリッシング
デザイン・DTP ………柏倉栄治
印刷・製本……………モリモト印刷株式会社

ISBN978-4-86598-844-4 C0026
なお、無断でのコピー・スキャン・デジタル化等の複製は著作権法上の例外を除き、著作権法違反となります。